Powernanny

Das Beste
für Ihr Kind

Jo Frost

Mosaik bei
GOLDMANN

DANKSAGUNG

Zu diesem Buch haben so viele Menschen beigetragen.
Gern würde ich alle einzeln aufzählen, doch das wären
zu viele Namen!
Deshalb an dieser Stelle ein riesiges Dankeschön an alle bei
Ricochet Production, die so hart an meiner Fernsehserie
*Supernanny** gearbeitet haben, an das kreative Team, das
die Fotos gemacht und das Buch mitgestaltet hat, und an die
Mannschaft von Hodder, die es letztlich verwirklichte.
Ein besonderer Dank gilt all den Familien, die diese Serie
wahr gemacht haben, den Familien, bei denen ich in all
den Jahren gearbeitet habe, und MEINER Familie und
meinen Freunden – ihr wisst, wer gemeint ist! – für eure
Unterstützung.
Und zu guter Letzt möchte ich mich bei Sue Ayton und
Liz Wilhide bedanken, die mir dabei halfen, meine Stimme
zu finden.

* Anmerkung des Verlages:
Der Titel der deutschen Ausgabe des Buches lautet *Powernanny*,
um Verwechslungen mit der RTL-Fernsehserie *Super Nanny*
zu vermeiden.

Umwelthinweis:
Dieses Buch und der Einband wurden auf
chlorfrei gebleichtem Papier gedruckt.
Die Einschrumpffolie (zum Schutz vor
Verschmutzung) ist aus umweltfreundlicher
und recyclingfähiger PE-Folie.

Die Originalausgabe erschien unter dem Titel »Supernanny« 2005
bei Hodder and Stoughton, a division of Hodder Headline, London

3. Auflage
Deutsche Erstausgabe Juni 2005
Copyright © 2005 der deutschsprachigen Ausgabe
Wilhelm Goldmann Verlag, München, ein Unternehmen
der Verlagsgruppe Random House GmbH
Copyright der Originalausgabe: Text copyright © 2005 Channel 4,
Photography copyright © 2005 Mark Read
Umschlaggestaltung: Eisele Grafik-Design
Umschlagmotiv: Hyperion, New York/Smith & Gilmour Ltd.
Umschlagfoto und alle anderen Fotos: Mark Read
Übersetzung: Imke Brodersen
Redaktion: Annette Baldszuhn
Druck und Bindung: MohnMedia GmbH, Gütersloh
Printed in Germany
ISBN 3-442-39088-5
www.goldmann-verlag.de

Dieses Buch widme ich meinen Eltern: Joa Frost, die mir noch immer wie ein Engel zur Seite steht, und Michael Frost. Danke für eure bedingungslose Liebe und eure Unterstützung. Euch als Eltern zu haben, war ein Segen für mich. Matthew, du wirst immer mein »kleiner Mattsu« bleiben.

In Liebe,
Jo

INHALT

Einleitung

Eines Tages, es ist noch gar nicht so lange her, hatte ich auf zwei kleine Mädchen aufzupassen. Wir gingen zusammen in den Park. Es war ein heißer Tag, und die Kinder trugen Bandanas gegen die Sonne. Nachdem wir eine Weile gespielt hatten, kam eine Frau zu mir herüber. »Wie haben Sie das geschafft?«, erkundigte sie sich verwundert. »Wie konnten Sie sie dazu bewegen, die Kopftücher anzulassen?« Ich sah sie an und senkte die Stimme zu einem verschwörerischen Flüstern: »*Kontaktkleber.* Nur ein kleiner Punkt vorn auf die Stirn.« Ihrer entsetzten Miene nach schien sie mir einen kurzen Augenblick Glauben zu schenken. Dann begriff sie, dass ich einen Scherz gemacht hatte.*

Kontaktkleber-Tipps finden Sie in diesem Buch selbstverständlich nicht, auch nichts anderes, was Kindern in irgendeiner Weise Schaden an Körper, Geist und Seele zufügen könnte. Stattdessen finden Sie vernünftige Möglichkeiten, mit den ganz normalen Herausforderungen und Problemen fertig zu werden, mit denen sich die meisten Eltern mit Kindern unter fünf tagtäglich konfrontiert sehen. Ich habe diese Methoden nicht erfunden. Vermutlich könnte niemand auf der Welt so etwas von sich behaupten. Alles in allem bin ich einfach meinem Instinkt gefolgt und habe durch Beobachten von Eltern mit ihren Kindern herausgefunden, was funktioniert und was nicht. Was ich zum Beispiel als die Methode »Sich helfen lassen« bezeichne, ist dasselbe, was viele Mütter und Väter instinktiv tun, wenn sie im Beisein von Kindern mit einer Hausarbeit weitermachen müssen. Der »Stille Stuhl« – eine Regel durchsetzen, indem man das Kind ein wenig abseits über sein Verhalten nachdenken lässt – existiert wahrscheinlich schon so lange, wie es Stühle, Treppenstufen und Zimmerecken gibt.

LIEBLINGSBESCHÄFTIGUNG: KINDERMÄDCHEN

Ich lerne sehr gern andere Menschen kennen, und ich liebe Kinder. Schon seit klein auf. In den Schulferien kamen meine Eltern dauernd mit neuen Leuten in Kontakt, weil ich mich mit deren Kindern angefreundet hatte. Als ich älter wurde, war ich als Babysitterin und Aushilfskindermädchen gefragt. Meine erste Dauerstellung bekam ich über eine Anzeige, die in einem Buchladen aushing.

Fünfzehn Jahre später hatte ich eine Menge Erfahrungen aus erster Hand – als Rund-um-die-Uhr-Nanny, Teilzeit-Nanny und Erste-Hilfe-Nanny. Ich bin mit Familien in den Urlaub gefahren und mit ihnen umgezogen, sogar über ganze Kontinente. Ich habe mich um Kinder gekümmert, die wenige Stunden bis vierzehn Jahre alt waren. Zahllose Anrufe besorgter Eltern oder verunsicherter Freunde der Familien, in denen ich arbeitete, erreichten mich um zwei Uhr in der Frühe.

Seit der ersten *Supernanny*-Serie im englischen Fernsehen werde
ich mit Briefen von Menschen überschüttet, die ich überhaupt nicht
kenne. Sie berichten mir, dass sie die Methoden aus der Serie erfolgreich angewendet haben. Diese Berichte sind einfach wunderbar und
bestätigen mich immer wieder auf meinem Weg.

BEOBACHTUNG UND EIGENER INSTINKT

In manchen Briefen wird skeptisch angemerkt, ich hätte schließlich
keine eigenen Kinder. Das stimmt. Auch bin ich weder Kinderärztin
noch Kinderpsychologin. Ich habe keine Ausbildung für das, was ich
tue. Womit es mir so ähnlich ergeht wie den meisten Eltern, nur ohne
deren starke emotionale Bindung (obwohl auch eine Nanny Gefühle
hat!).

Der große Unterschied ist, dass ich viele Jahre lang Kinder in den
unterschiedlichsten Entwicklungsphasen begleitet habe und manche
Herausforderung nicht zum ersten Mal erlebe. Ich habe Kinder während der Entwöhnung und bei der Sauberkeitserziehung gesehen,
beim Zahnen, bei Wutanfällen und am ersten Schultag. Die ganze Zeit
hindurch habe ich ihr Verhalten beobachtet, habe zugehört, wenn
andere Menschen über Kindererziehung sprachen, aber vor allem
habe ich auch meinem eigenen Instinkt vertraut.

Schon recht früh wurde mir klar, dass die Arbeit als Nanny mehr
bedeutet, als Kinder zu beaufsichtigen und zu versorgen. In gewisser
Weise ist man eine Brücke zwischen Kind und Eltern. Man hat die
einzigartige Chance zu beobachten, wie eine Familie funktioniert.
Das ist eine Dynamik, die mich beständig fasziniert – wie alles miteinander in Verbindung steht. Von einer objektiveren Warte, wo nicht
immerzu das Herz beteiligt ist, kann man das deutlich erkennen. Das
Problem ist, dass viele Eltern, die Schwierigkeiten mit ihren Kindern
haben, selbst zu tief in die Situation verwickelt sind, als dass sie das
größere Bild erkennen könnten.

Dieses Buch soll Eltern dabei helfen, einen Schritt zurückzutreten
und dieses größere Bild wieder wahrzunehmen. So wie ich es in meiner
Fernsehserie *Supernanny* tue, wenn ich mit einzelnen Familien ar-
beite, die allein nicht weiterkommen – einfach weil sie unwissentlich in
einem Muster feststecken, das sie immer in den gleichen alten Teufelskreis zurückwirft. Ich glaube nicht, dass es so etwas wie »böse« Kinder
gibt. Meiner Meinung nach steckt in jedem Kind das Potenzial, sich so
zu benehmen, wie man es von ihm erwartet. Damit meine ich keineswegs Marionetten, sondern glückliche, zufriedene Kinder, die ihren
eigenen Kopf haben, aber zugleich wissen, wie weit sie gehen dürfen.

GRENZEN UND DISZIPLIN

All meine Erfahrung hat mich davon überzeugt, dass Kinder klare Grenzen brauchen. Um diese Grenzen durchzusetzen, ist Disziplin nötig. Disziplin jedoch ist nicht mit harten Strafen zu erreichen, sondern in erster Linie durch Lob. In jedem Fall aber müssen Regeln aufgestellt und konsequent beibehalten werden.

Vielen Eltern fällt es schwer, ihr Kind zu Disziplin anzuhalten, aus Angst, das Kind könnte sie dann nicht mehr lieben. Deshalb überlassen sie dem Kind das Kommando, obwohl es die Folgen seiner Entscheidungen noch gar nicht übersehen kann. Für ein Kind ist der Chefsessel ein verwirrender Platz, auf dem es nicht weiß, was es zu tun hat.

Stellen Sie sich vor, Sie gingen in die Bank, um eine Einzahlung zu machen, und würden dort aufgefordert, den Direktor zu vertreten. Ohne die passende Ausbildung, ohne sich Schritt für Schritt nach oben gearbeitet zu haben, hätten Sie keine Ahnung, was Sie zu tun haben. Ein Kind, das spitzkriegt, dass es das Kommando führt, befindet sich in einer Situation, die es geistig überfordert.

Ich selbst habe eine behütete, liebevolle Erziehung genossen, denn ich hatte das Glück, dass meine Eltern mir Selbstvertrauen schenkten und mich vor den Härten der Welt beschützten. Wenn mich etwas beunruhigte, sprachen sie mit mir darüber und machten mir Mut. Gleichzeitig allerdings bestanden meine Eltern auf Respekt und Manieren, auf einem gewissen Standard, wie wir uns untereinander und gegenüber anderen Menschen benahmen. Aber ich war trotz allem ein Kind!

Kindererziehung ist heutzutage nicht einfach. Die Gesellschaft hat sich gewandelt. Jeden Tag stehen schlimme Geschichten in der Zeitung, was alles für Kinder gefährlich oder schädlich ist. Eine Woche später lesen wir das Gegenteil. Dadurch wird es schwierig, einen klaren Standpunkt zu beziehen. Gleichzeitig scheint es geradezu einen Wettstreit um richtige Elternschaft zu geben. Es ist nicht leicht, unverkrampft seinem Instinkt zu folgen, wenn andere Eltern einem ständig erzählen, was ihre Kinder schon alles können und wie gut sie sich benehmen. Früher waren oft Großeltern oder Verwandte um uns herum, die in der Familie mithalfen und auch mal einen Rat geben konnten. Heutige Eltern müssen häufig ohne dieses traditionelle Netz auskommen.

NUR MUT!

Manche Menschen sind die geborenen Eltern, manche nicht. Aber Kindererziehung ist etwas, das man lernen, verstehen und üben muss. Je mehr Sie darüber wissen, je mehr Sie dazu lesen und mit anderen sprechen, desto leichter trauen Sie Ihrem eigenen Urteil und können eigene Entscheidungen treffen.

Die eigenen Kinder großzuziehen, ist die wichtigste Aufgabe, die uns je gestellt wird. Wir geben ihnen buchstäblich das Fundament fürs ganze Leben. Aber das muss keine undankbare Fron sein. Elternschaft kann und soll Freude machen.

Als ich die Gelegenheit bekam, an einer Fernsehserie zum Thema Erziehung mitzuwirken, sah ich darin eine Chance, einige der Vorstellungen weiterzugeben, die mir sehr wichtig waren. Zunächst drehten wir den Pilotfilm, in dem es um eine allein erziehende Mutter ging, die ihre vier Kinder in den Griff bekommen wollte. Gemeinsam erarbeiteten wir die Methoden Disziplin, Planung und Lob. Diese Methoden zeigten Wirkung, und das Ergebnis war eine zufriedene Mutter mit vier glücklichen, gebändigten Kindern. Zwei Wochen später hatte ich meine Fernsehserie. Für mich war und ist die Serie eine wunderbare Gelegenheit, die Erfahrungen aus meiner Arbeit mit vielen Familien weiterzugeben.

Genießen Sie die Zeit mit Ihren Kindern.

*... Und wie kriegen Sie jetzt das Kind dazu, den Sonnenschutz aufzubehalten? Ganz einfach:
Sobald es ihn abzieht, sagen Sie ihm, es soll ihn wieder aufsetzen. Es nimmt ihn ab. Sie sagen ihm, es soll ihn wieder aufsetzen. Es nimmt ihn ab. Sie sagen ihm, es soll ihn wieder aufsetzen. Es nimmt ihn ab. Sie sagen ihm, es soll ihn wieder aufsetzen. Es nimmt ihn ab. Sie sagen ihm, es soll ihn wieder aufsetzen. Es nimmt ihn ab. Sie sagen ihm, es soll ihn wieder aufsetzen...

MEINE 10 GRUNDREGELN

WENN ICH MEINEN ANSATZ IN DER KINDERERZIEHUNG ZUSAMMENFASSEN
SOLLTE, WÄREN DIES MEINE ZEHN GOLDENEN REGELN. SIE BERUHEN AUF
BEOBACHTUNG, NICHT AUF GRAUER THEORIE, UND SIE GELTEN FÜR FAST
ALLE SITUATIONEN. AM ENDE JEDES KAPITELS, IN DEM DIE GANZ KONKRETEN
PROBLEME BEHANDELT WERDEN, GEHE ICH DARAUF EIN, WIE DIESE »TOP TEN«
AUF DAS JEWEILIGE THEMA BEZOGEN ANZUWENDEN SIND.

1. LOBEN UND BELOHNEN

Die beste Belohnung sind Aufmerksamkeit, Lob und Liebe. Süßigkeiten
oder Spielzeug sind nicht erforderlich. Eine Karte mit Sternchen oder
eine besondere Unternehmung können gutes Benehmen unterstützen.

2. KONSEQUENT BLEIBEN

Wenn Sie eine Regel aufstellen, sollten Sie diese nicht um des lieben
Friedens willen wieder ändern. Sorgen Sie dafür, dass alle, einschließ-
lich Oma, Babysitter und Partner, sich an dieselben Regeln halten. Eine
Regel ist eine Regel ist eine Regel.

3. TAGESABLAUF REGELN

Sorgen Sie für einen geregelten Tagesablauf. Feste Zeiten fürs
Wecken, für die Mahlzeiten, fürs Bad und für das Zubettgehen sind
die Eckpfeiler des Familienlebens. Wenn der Tagesablauf erst einmal
etabliert ist, kann man auch mal Ausnahmen machen, zum Beispiel
im Urlaub.

4. GRENZEN SETZEN

Kinder müssen wissen, dass ihr Benehmen Folgen hat – manches ist
akzeptabel, manches nicht. Es ist daher wichtig, Regeln aufzustellen
und den Kindern zu erklären, was man von ihnen erwartet.

5. DISZIPLIN WAHREN

Grenzen lassen sich nur durch Disziplin erhalten. Mitunter reicht schon
ein ernster Tonfall oder eine Warnung, damit die Botschaft ankommt.
Es gibt viele Möglichkeiten – Strafen zählen nicht dazu!

6. ANKÜNDIGEN

Es gibt zwei Sorten von Ankündigungen. Die eine teilt dem Kind mit, was als Nächstes kommt – zum Beispiel das Bad oder das Essen. Die andere weist auf schlechtes Benehmen hin. Damit bleibt dem Kind Gelegenheit, sein Verhalten ohne weitere Folgen zu korrigieren.

7. ERKLÄREN

Ein Kleinkind kann nicht verstehen, wie es sich verhalten soll, wenn man es ihm nicht erklärt. Wenn Sie ein Kind in die Schranken weisen, erklären Sie ihm in einfachen, altersgemäßen Worten den Grund. Fragen Sie nach, ob es den Grund versteht, damit die Botschaft auch wirklich ankommt.

8. SICH ZURÜCKHALTEN

Ruhig bleiben. Die Eltern geben die Richtung vor. Reagieren Sie auf einen Wutausbruch gelassen, schreien Sie nicht zurück, wenn das Kind Sie anschreit. Lassen Sie sich nicht provozieren.

9. VERANTWORTUNG ÜBERTRAGEN

Kindheit bedeutet erwachsen werden. Lassen Sie das zu. Übertragen Sie dem Kind kleine Pflichten, die es bewältigen kann. Kinder werden dadurch selbstsicherer und erlernen notwendige Fähigkeiten fürs Leben. Sie sollten sich als Mitglied der Familie fühlen. Aber verlangen Sie nichts Übertriebenes und schimpfen Sie nicht, wenn dabei etwas schief geht.

10. ENTSPANNEN

Jeder in der Familie braucht Zeit für sich und zum Entspannen – nicht zuletzt Sie selbst. Lassen Sie das Kind vor dem Schlafen bei einer Geschichte in Ihrem Arm zur Ruhe kommen. Sorgen Sie dafür, dass Sie, Ihr Partner und auch die anderen Kinder regelmäßig ungeteilte Aufmerksamkeit erhalten.

Altersgruppen und Entwicklungsstadien

Die ersten fünf Jahre der Kindheit sind eine Zeit beständiger, rascher Veränderungen – körperlich, geistig und gefühlsmäßig. Die körperlichen Meilensteine sind unübersehbar. Scheinbar im Handumdrehen setzt das niedliche, kleine Bündel aus der Wochenstation sich auf, beginnt zu krabbeln und macht die ersten wackligen Schritte. Schon bald wird es aus dem Gitterbettchen klettern und seine Welt erforschen.

Was im Kopf Ihres Kindes vorgeht, ist ebenso dramatisch, wenn auch weniger offensichtlich. Zwischen der Geburt und dem fünften Geburtstag wächst sein Verständnis von der Welt und den Beziehungen zu den Menschen um es herum in einem atemberaubenden Tempo.

»Läuft Jasmina denn noch nicht? Anna ist schon mit neun Monaten gelaufen.«

Es gibt bereits genug Wettstreit unter Eltern, ohne dass ich diesen noch anheizen muss. In diesem Kapitel geht es nicht darum, Ihnen Angst zu machen, weil Ihr Kind ein bestimmtes »Ziel« noch nicht erreicht hat, oder sich auf die Schulter zu klopfen, weil es anderen so weit voraus ist. Ich möchte einfach klar machen, was man realistisch besehen in jedem Stadium erwarten kann. Oder – das ist vielleicht noch wichtiger – was man nicht erwarten sollte.

Wenn Sie wissen, wie Ihr Kind empfindet, können Sie sich leichter auf sein jeweiliges Entwicklungsstadium einstellen. Oft genug habe ich gesehen, wie Eltern versuchten, »vernünftig« auf ein Kind einzuwirken, das für logische Schlussfolgerungen einfach noch zu klein war. Schon Kleinkinder sollen zwischen zahlreichen Möglichkeiten wählen, obwohl sie zu solchen Entscheidungen noch lange nicht in der Lage sind.

Beginnt ein Kind zu sprechen, scheinen Eltern erstaunlicherweise rasch zu vergessen, dass sie es nicht mit einem winzigen, etwas unbotmäßigen Erwachsenen zu tun haben, sondern mit jemandem, dessen Wahrnehmung von der Welt noch sehr begrenzt ist. So wie man von einem sechs Wochen alten Säugling nicht erwarten kann, sich hinzustellen, so kann man von einem Zweijährigen auch nicht die sozialen und geistigen Fähigkeiten eines doppelt so alten Kindes erwarten.

All dies hat einen direkten Einfluss darauf, wie Sie mit Ihren Kindern umgehen sollten. Das Verständnis dafür, wie Kinder wachsen und sich verändern – innerlich wie äußerlich –, hilft Eltern, den Bedürfnissen ihres Kindes zur rechten Zeit und auf angemessene Weise nachzukommen.

Der Säugling: Geburt bis sechs Monate

Ein Neugeborenes hat keine Vorstellung davon, was eine Person ist. Es weiß noch nicht, dass der Mensch, der es hält, seine Mutter ist, es weiß nicht einmal, dass es nicht Teil dieses Menschen ist. Aber es ist darauf eingestimmt, ein Gesicht, das Gefühl des Gehaltenwerdens, den Klang einer Stimme wahrzunehmen. Denn tief in seinem Inneren weiß es, dass sein Überleben davon abhängt, dass jemand anders sich zuverlässig um seine Bedürfnisse kümmert. Und zwar Sie.

Wissenschaftler haben herausgefunden, dass Babys bereits im Mutterleib hören können. Möglicherweise erkennen sie die Stimme ihrer Mutter sogar schon vor der Geburt. Mütter hingegen brauchen eine Weile, ehe sie ihr Kind an seinem Schreien erkennen, und noch länger, bis sie herausgefunden haben, was das jeweilige Weinen bedeutet. Hunger? Blähungen? Müdigkeit? Doch keine Mutter würde bestreiten, dass Schreien funktioniert. Denn dazu ist es da.

Die ersten Monate sind eine steile Lernkurve. Wenn es Ihr erstes Baby ist, fühlen Sie sich mitunter wie auf der Achterbahn: einmal ganz hoch oben, im nächsten Augenblick gefühlsmäßig ganz unten – und die ganze Zeit ziemlich müde. Das Wichtigste in dieser Phase ist nicht, wie geschickt Sie sich beim Windelnwechseln anstellen, sondern ob Sie zuverlässig die Bedürfnisse Ihres Babys erfüllen und dabei auch noch für sich selber sorgen können.

VERTRAUEN SCHENKEN

Ein Baby kann man nicht »zu sehr verwöhnen«. Ganz gleich, was Mutter oder Großmutter erzählen, das Baby ist zu klein, um Sie »um den Finger zu wickeln«. Dieses hinreißende Stadium kommt erst noch! Wer auf ein schreiendes Baby reagiert, ist nicht »zu nachgiebig«, sondern schenkt ihm zärtliche, verantwortungsbewusste Liebe. Mit jedem Mal wächst das Vertrauen des Kindes, dass seine Bedürfnisse auch in Zukunft erfüllt werden.

Wer ein Baby in den ersten vier Lebensmonaten längere Zeit schreien lässt, bringt ihm nicht bei, ein bisschen länger auf seine Mahlzeit zu warten, bis der Zeitpunkt besser passt. Das Kind lernt auch nicht, dass Knuddeln jetzt nicht angesagt ist und es wieder einschlafen sollte. Es lernt nur, dass niemand da ist, der sich um es kümmert, und dass es nichts dagegen tun kann.

Ebenso ist Disziplin in den ersten Monaten fehl am Platz. Das bedeutet nicht, dass ein Baby nicht von der Sicherheit eines geregelten Tagesablaufs profitiert. In der allerersten Zeit sind die Essens-

und Schlafenszeiten vermutlich noch sehr unregelmäßig. Doch nach drei bis sechs Wochen stellen Sie wahrscheinlich fest, dass sich allmählich ein gewisser Rhythmus herauskristallisiert.

EINEN RHYTHMUS FINDEN

Einem zwei Monate alten Baby kann man noch keine Schlafenszeiten aufzwingen, aber beim Füttern kann man es nach und nach an einen Rhythmus heranführen. Beobachten Sie zunächst einfach, wie viel Milch Ihr Kind zu sich nimmt. Wenn es nach dem Trinken schreit, ist es vielleicht hungriger als ein Durchschnittskind und braucht mehr. Im Alter von drei bis sechs Wochen brauchen Säuglinge mehr Milch und melden sich meist alle zwei bis vier Stunden.

Jetzt haben Sie die Wahl. Sie können nach Bedarf füttern oder dieses Zeitfenster nutzen, um einen Rhythmus zu erwirken. Das ist Ihre Entscheidung. Für Eltern muss nur klar sein, dass sie mehr Kontrolle über die Situation haben, als sie glauben. Wenn das Kind jeden Tag zu denselben Zeiten nach Nahrung verlangt, dies für Sie jedoch bedeutet, häufig mitten in der Nacht aufstehen zu müssen, können Sie die Zeiten beeinflussen, indem Sie etwas früher als sonst füttern, bis Sie mit den Abständen besser zurechtkommen. Bekommt ein Stillkind nachts um elf noch einmal eine Flasche, hält es mitunter bis vier Uhr früh durch, ehe es wieder etwas braucht.

Säuglinge benötigen sehr viel körperliche Pflege, sie brauchen aber auch viel Anregung. Sie können noch nicht sprechen, doch sie hören Ihre Stimme gern und beobachten Ihr Gesicht. Reden Sie mit dem Kind, dann werden Sie bald mit dem ersten Lächeln belohnt. Kurze Zeit später folgt das erste »Brabbeln«. Ihr Baby »antwortet« – es imitiert die Laute, die Sie ihm vorgemacht haben.

DARAN HAT EIN KLEINES BABY FREUDE:

- Viele, viele Küsschen.

- Enger Körperkontakt – schmusen, tragen, Rücken klopfen und massieren.

- Gesichter betrachten – in den ersten Wochen ist das menschliche Gesicht das liebste »Spielzeug«.

- Wiegen und rhythmisches Wippen.

- Musik und der Klang der elterlichen Stimmen.

- Bunte Dinge in unmittelbarer Nähe, besonders wenn sie sich bewegen.

DAS KÖNNEN SIE TUN:

- Nutzen Sie jede Gelegenheit, sich auszuruhen. Schlafen Sie, wenn das Baby schläft.

- Erledigen Sie, was nötig ist, aber streben Sie keinen perfekten Haushalt an.

- Lassen Sie sich vom Partner, von Freunden oder von der Mutter helfen – von allen, die Ihnen beim Kochen, Einkaufen usw. zur Hand gehen können.

- Reservieren Sie Zeit für den Partner und die anderen Kinder, um das Gefühl der Eifersucht oder der Vernachlässigung im Keim zu ersticken.

- Teilen Sie sich die Babypflege mit dem Partner.

- Sorgen Sie für Ihr eigenes Wohl. Gönnen Sie sich einen Besuch beim Friseur.

Das Krabbelkind:
sechs bis achtzehn Monate

In den ersten sechs Monaten haben gewaltige Veränderungen stattgefunden. Aus dem hilflosen Neugeborenen ist ein Baby geworden, das seinen Kopf hält, nach einem Spielzeug greift, lächelt, lacht, brabbelt und seine Eltern, Geschwister und andere vertraute Gesichter erkennt. Es hat vielleicht schon erste Erfahrungen mit Brei essen gemacht oder beginnt, aus der Tasse zu trinken. In der zweiten Hälfte des ersten Lebensjahrs wird es allmählich auf Erkundung gehen.

In dieser Phase ist die körperliche Entwicklung auf die ersten wackligen Schritte ausgerichtet. Häufig finden sie um den ersten Geburtstag herum statt, fast immer jedoch bis zum Alter von achtzehn Monaten. Zunehmende Mobilität durch Rollen oder Krabbeln bedeutet, dass das Kind nicht mehr warten muss, bis jemand die Welt zu ihm trägt. Es kann selber ausziehen, sie zu erforschen. Und was es dabei findet, wird zuerst mal in den Mund gesteckt. Wenn Sie es bislang noch nicht getan haben, ist es spätestens jetzt an der Zeit, Ihr Haus kindersicher zu machen – mehr dazu auf Seite 42.

Nun zeigt sich Ihr Kind zunehmend als kleine Persönlichkeit mit Vorlieben und Abneigungen und einem individuellen Charakter. Füttern und Schlafen sollten jetzt viel einfacher sein. Wenn nicht, finden Sie in diesem Buch verschiedene Strategien zu diesen Themen. Dennoch sollten Sie nie vergessen, dass das Kind mindestens bis zum ersten Geburtstag noch ein Baby ist. Wenn es schreit, teilt es uns mit, dass es etwas braucht, dass etwas stört – oder reagiert vielleicht nur darauf, dass Sie »Nein« gesagt haben. In diesem Stadium können Sie ein Kind ebenso wenig »zu sehr verwöhnen« wie ein Neugeborenes.

FORSCHERDRANG

Kinder dieser Altersgruppe tun Dinge, die sie nicht tun sollten. Das Baby zieht eine Tasse vom Regal, (a) weil es dazu in der Lage ist und (b) weil niemand etwas dagegen unternommen hat. Es greift nicht nach der Tasse, um uns zu ärgern oder weil es unartig ist. Es ist einfach nur an diesem Tag bei der Erforschung seiner Umgebung hier gelandet. Und dabei kann einiges schief gehen – die Tasse fällt herunter.

Ein Kind von zehn Monaten begreift keine Strafen, sollte aber dennoch gewarnt werden, wenn es etwas tut, was es nicht tun soll. Sagen Sie mit fester, normaler Stimme »Nein« oder warnen Sie es vor seinem

Vorhaben. Sie können auch eine einfache Erklärung abgeben: »Das ist heiß.« Ihr Baby wird nicht verstehen, was Sie sagen, aber trotzdem auf den Tonfall reagieren. Zugleich gewöhnen Sie sich an Erklärungen, die später an Bedeutung gewinnen.

Kinder dieses Alters sind hinreißend, sie kosten aber auch eine Menge Nerven. Sie müssen Ihrem Kind immer einen Schritt voraus sein und Ihre Augen überall haben. Es wird schwieriger, andere Dinge zu erledigen, solange das Kind wach ist, weil es nun beweglicher wird. Zudem ist es länger wach. Darüber hinaus möchte es jetzt öfter mit Ihnen spielen. Allein kann es noch nicht viel machen, aber es ist alt genug, sich zu langweilen, wenn es nicht genug Anregung bekommt. Ein Laufstall mit Spielzeug und etwas zum Anschauen kann Ihnen zeitweilig Luft verschaffen. Setzen Sie das Kind aber nicht in den Laufstall, wenn Sie sich ärgern oder die Nase voll haben oder wenn es gerade weint. Denn dann wird dieser Ort leicht mit schlechten Gefühlen in Verbindung gebracht.

ZAHNEN

In diesem Alter ist nicht nur Langeweile ein neuer Grund zum Weinen, sondern auch das Zahnen. Gerade wenn Sie sich zu einem neuen Tagesablauf gratulieren, taucht das Zahnmonster auf. Der erste Zahn, der meist nach etwa sechs Monaten erscheint, überrascht die Eltern in der Regel ebenso wie das Baby. Nachdem Sie das Zahnen zum ersten Mal miterlebt haben, wissen Sie die Zeichen beim nächsten Mal – und alle weiteren Male – zu deuten.

Sobald der erste Zahn durchgebrochen ist, kommt es darauf an zu erkennen, wann ein Kind zahnt, wann es wirklich krank ist und wann es bloß einen schlechten Tag hat. Bei Fieber oder anderen Krankheitssymptomen sollten Sie es unverzüglich zum Kinderarzt bringen. Wenn es einfach nur unruhig ist, aber keine anderen Symptome zeigt, geht es wahrscheinlich nicht ums Zahnen.

SO ÄUSSERT SICH DAS ZAHNEN:

- Rote Wangen; ich nenne das die »Kritzel-kratzelwangen«, weil die Rötung oft in Form zarter, roter Linien auftritt.

- Das Kind sabbert, und es beißt fest auf alles, was in Reichweite ist.

- Kleine, klare, weiße Bläschen am Gaumen.

- Leichter Temperaturanstieg bis zu einem Grad. Wenn die Temperatur höher steigt, sollten Sie zum Arzt gehen.

- Veränderter Geruch beim Wickeln. Dieser Geruch ist unverkennbar.

- Mitunter Ausschlag im Windelbereich.

- Schreianfälle und nächtliches Aufwachen – Zahnen tut weh!

- Geringerer Appetit.

DAS HILFT:

- Beißringe. Manche lassen sich einfrieren und sind dann noch verlockender.

- Zahngels oder -pulver auf Kräuterbasis.

- Leichte Schmerzmittel, beruhigende Öle oder Bäder.

- Viel Trost und Einfühlungsvermögen.

TRENNUNGSANGST (FREMDELN)

Typisch für diese Altersgruppe ist auch zunehmende Anhänglichkeit an die Mutter, die allen anderen Menschen vorgezogen wird. Häufig protestiert das Kind oder wird unruhig, wenn die Mutter den Raum verlässt oder auch nur zur Tür geht. Solange das Kind sie sehen kann, ist es glücklich. Sobald es sie nicht mehr sieht, beginnt es zu weinen. Wie stark Kinder klammern und wie lange diese Phase anhält, ist unterschiedlich. Meist liegt der Gipfel im Alter von neun Monaten. Danach geht das Fremdeln allmählich zurück, um im Alter von achtzehn Monaten noch einmal aufzuflammen. Dann spricht man auch von »Trennungsangst«, die als Zeichen dafür gilt, dass das Kind nun alt genug ist, um sich zu erinnern und Vergleiche anzustellen. Es weiß, dass Sie gehen, und es weiß, dass ihm das nicht gefallen wird, weil es ihm beim letzten Mal auch nicht gefallen hat.

Wenn Sie nicht einmal zur Toilette dürfen, ohne dass Geschrei ertönt, leidet Ihre Geduld wahrscheinlich genauso wie Ihre Blase. Falls Sie in dieser Phase an eine Rückkehr an Ihren Arbeitsplatz dachten, könnte es sich zeigen, dass Ihre Pläne nicht zu diesem speziellen Entwicklungsstadium des Kindes passen.

DIE TRENNUNGSANGST ERLEICHTERN:

★ Klären Sie ab, dass Ihr Kind weder krank ist noch unter Anspannung leidet. Auch das führt zum Klammern.

★ Akzeptieren Sie sein Verhalten als vorübergehende Phase. Trennungsangst erreicht ihren Höhepunkt vor dem ersten Geburtstag.

★ Nicht wütend werden! Wenn alles zu viel wird, einmal tief durchatmen.

★ Um das Zimmer kurz zu verlassen, reden Sie einfach weiter, damit das Kind weiß, dass Sie noch in der Nähe sind.

★ Verschwinden Sie nicht, wenn es gerade nicht hinschaut.

★ Müssen Sie das Kind jemand anders überlassen, sollte es die fremde Person zunächst gut kennen lernen. Dann gewöhnt es sich leichter an sie.

★ Auf dem Höhepunkt der Fremdelphase fühlen Väter sich oft ausgeschlossen. Trösten Sie Ihren Partner! Er hat nichts falsch gemacht, und das Baby ist nicht gegen ihn. Sagen Sie ihm, dass diese Zeit vorübergeht.

★ Ich spiele mit kleinen Kindern gern »Kuckuck! – Da!« So lernen sie leichter, dass etwas noch da ist, obwohl sie es nicht mehr sehen. Man kann sich ein Tuch über den Kopf legen oder sich unter der Bettdecke verstecken. Oder ich stülpe einen Becher über einen kleinen Ball – weg ist er. Wenn das Spiel Spaß macht und das Kind zum Lachen bringt, lernt es viel schneller!

Das Kleinkind: achtzehn Monate bis drei Jahre

Sobald ein Kind seine ersten Schritte getan hat, wird die Umwelt noch interessanter. Wie ein NASA-Roboter beginnt es nun, seine Umgebung systematisch zu erforschen. Das Spielen macht auf dieser neuen Stufe der Mobilität viel mehr Spaß, ebenso das Ausprobieren. Bis zum richtigen Sprechen dauert es noch eine ganze Weile, doch mit achtzehn Monaten sind vielleicht schon ein paar Worte zu verstehen. Eines davon ist ganz sicher »Nein«. Womit wir unmittelbar beim ersten Wutanfall landen.

Gerade noch war die Welt für das Kind ein wunderbarer Ort voller Überraschungen. Jetzt hingegen sind die Erwachsenen scheinbar nur dazu da, es daran zu hindern, was es will, vor allem was es JETZT will. Es juckt ihm in den Fingern, seine neu eroberte Freiheit auszuprobieren. Zum ersten Mal hat es eine Ahnung davon, wie es ist, ein kleines Individuum mit eigenem Kopf zu sein. Leider ist es dafür noch nicht ausreichend gerüstet.

WOLLEN UND KÖNNEN

Selbst wenn das Kleine schon redet wie ein Wasserfall und alles zu verstehen scheint, was Sie sagen, arbeitet sein Verstand ganz anders als der eines Erwachsenen. Mindestens bis zum Alter von zweieinhalb Jahren gibt es zahlreiche wichtige Dinge, die ein Kind entweder nicht kann oder nicht versteht.

Die Kleinkindphase zwischen dem ersten und dem dritten Geburtstag folgt ihrem eigenen Rhythmus. Zu Beginn – gewöhnlich vor dem zweiten Geburtstag – hat das Kind praktisch keine Kontrolle über seine Impulse. Oft wird es von seiner eigenen Unfähigkeit oder der Umwelt enttäuscht sein. Um den dritten Geburtstag herum ist dann bereits ein gewisses Maß an Selbstkontrolle zu erwarten.

Ein Kleinkind ist eine Herausforderung. Aber wenn Sie mit vernünftigen Erwartungen an das Kind herangehen, muss diese Phase nicht nur Stress bedeuten. Kinder in diesem Alter können reizbar, voller Widersprüche und unberechenbar sein. Sie bringen uns auf die Palme. Aber sie sind auch komisch, liebevoll und voller Begeisterung und Lebensfreude. Lassen Sie sich davon anstecken und genießen Sie diese Zeit!

SO »TICKT« EIN KLEINKIND:

★ Geduld ist nicht seine Stärke. Manche Kinder können ein wenig warten, die meisten jedoch nicht – nicht einmal eine Minute.

★ Es kann nicht planen. Das Kleinkind führt einen Impuls unmittelbar aus, ohne eine Sekunde an die Folgen zu denken.

★ Es kann sich nicht beherrschen.

★ Es hat kein Gefühl für Gefahr.

★ Sein Erinnerungsvermögen ist noch begrenzt. Deshalb müssen Sie alles wiederholen. Immer wieder.

★ Es versteht nicht, was ein Versprechen ist, bis dieses eingelöst ist. Jeder Wunsch soll sofort erfüllt werden. Es konzentriert sich immer nur auf eines. Deshalb ist es sinnlos, mit Kleinkindern zu verhandeln.

★ Es kann noch nicht wirklich wählen. Das Konzept »entweder – oder« ist ihm noch fremd. Vieles, was es sagt oder tut, erscheint widersprüchlich. Es will die Schuhe anhaben und die Schuhe aus-ziehen – gleichzeitig.

★ Es kann nicht verstehen, dass seine Handlungen die Gefühle anderer beein-flussen. Es will nichts abgeben. Wenn Sie sagen: »Lass Susi das Spielzeug mal nehmen«, glaubt es, es bekommt das Spielzeug nie wieder. Und weigert sich mit Händen und Füßen.

★ Es fordert mehr Aufmerksamkeit, als ein Mensch überhaupt geben kann, und zwar 48 Stunden am Tag.

DIE RICHTIGE UMGEHENSWEISE

Argumentieren, bitten, verhandeln, drohen – in dieser Altersgruppe hilft das alles nicht! Damit solche Ansätze fruchten, muss ein Kind in seiner geistigen Entwicklung weiter fortgeschritten sein.

Was jetzt funktioniert, ist dem Kind Grenzen setzen, es unter Kontrolle halten und für einen geregelten Tagesablauf sorgen. Mit dem Übergang in die Kleinkindphase wird das Kind alles in seiner Macht Stehende tun, um das Zepter in die Hand zu nehmen und seinen Willen durchzusetzen. Zeitweise halten Sie Ihr Kind vielleicht für einen Satansbraten, zum Beispiel wenn es auf dem Spielplatz ein anderes Kind umgestoßen hat und Sie vor Scham am liebsten im Boden versinken würden. Aber es ist ganz sicher nicht bösartig oder absichtlich aggressiv. Es nutzt nur seine körperlichen Möglichkeiten, weil es seine Gefühle noch nicht mit Worten ausdrücken kann.

Was nicht bedeutet, dass wir nachgeben oder ein Auge zudrücken sollten. Man darf auch nicht die Uhr zurückdrehen und jeden Ansatz zu mehr Unabhängigkeit im Keim ersticken, auch wenn diese Ansätze chaotisch sind und Zeit fressen. Es gehört nun mal dazu, dass das Kind sein Essen auf Gesicht, Tisch und Flur verteilt, wenn es selbstständig zu essen versucht. Doch es gehört nicht dazu, dass es dabei das komplette Arsenal seiner »Waffen« auffährt – Schreien, Treten, wütend mit Sachen um sich schmeißen –, dadurch den ganzen Haushalt auf den Kopf stellt und versucht, anderen seinen Willen aufzuzwingen. Jetzt braucht das Kind klare Grenzen und das Gefühl, dass da draußen etwas Größeres ist, das sich nicht von ihm beherrschen lässt – nämlich Sie!

Zu diesem Zeitpunkt ist Konsequenz gefragt. Bisher hat das Kind vielleicht unterschiedliche Reaktionen bemerkt, doch nun erkennt es, wie es diese zu seinem Vorteil nutzen kann. Es begreift auch das Prinzip »Teile und Herrsche«, eine der ersten Manipulationsstrategien, die kleine Kinder meistern. Wenn die Eltern keine gemeinsame Front bilden oder wenn die Regeln von der Tagesform abhängig sind, findet das Kind diese Schwachstelle mit schlafwandlerischer Sicherheit heraus.

WUTANFÄLLE

Es ist höchst unwahrscheinlich, dass die Kleinkindzeit ohne einen jener spektakulären Tobsuchtsanfälle durchlaufen wird, bei denen sich das Kind kreischend auf dem Boden wälzt. Manche Kinder flippen öfter aus als andere, so als hätten sie eine kürzere Lunte. Vielleicht ist die Reaktionsweise genetisch bedingt.

Zu einem Wutausbruch kommt es, wenn das Kleinkind ungebremst gegen die Welt prallt und die Welt nicht zurückweicht. Es gibt viele Auslöser, doch der eigentliche Grund ist immer Frustration. Das Kind stellt vielleicht fest, dass es etwas nicht kann, was es tun möchte, weil es noch nicht die nötigen Fähigkeiten dazu besitzt. Oder es wurde davon abgehalten, etwas zu tun, was es tun wollte. Oder es sollte etwas tun, was es nicht will. Was auch immer der Anlass ist: Die Lunte brennt, und das Kind explodiert.

Man kann ein Kind dieses Alters vor manchen Enttäuschungen bewahren, aber keineswegs vor allen. Frustrationen sind Teil des Lernprozesses, und das Kind ist jetzt in einem Alter, wo es unbedingt lernen will. Wenn es sich aktiv einbringen und mitmachen kann, wie im Kapitel »Grenzen setzen« (siehe Seite 58) erläutert wird, nimmt dies einem Wutanfall unter Umständen die Spitze. Aber nicht immer.

Ist der Wutanfall einmal in Gang, dürfen Sie auf keinen Fall nachgeben. Das wäre nämlich der sicherste Weg, weitere Ausbrüche heraufzubeschwören – schließlich hat es gerade geholfen!

Ein vor Wut tobendes Kind wirkt ziemlich erschreckend, nicht nur auf die Erwachsenen. Auch für das Kind selbst ist die Situation erschreckend. Es ist im wahrsten Sinn des Wortes nicht mehr ganz bei sich, sondern wird von seinen Gefühlen überwältigt. Manche Kinder rennen brüllend herum, andere wälzen sich schreiend auf dem Boden, wieder andere rammen ihren Kopf gegen die Möbel.

So reagieren Sie auf einen Wutanfall:

- Zunächst einmal dafür sorgen, dass das Kind weder sich selbst noch anderen Menschen wehtut und nichts kaputtmacht.

- Möglichst ruhig bleiben. Ärger verschärft die Lage nur noch. Ehe auch Sie die Beherrschung verlieren, sollten Sie lieber das Zimmer verlassen.

- Verhandeln hilft jetzt nichts. Das Kind kann (und will) Sie nicht hören.

- Manche Kinder kommen schneller wieder zur Räson, wenn man sie gut festhält. Bei anderen wird dadurch alles nur noch schlimmer.

- Gehen Sie nach Möglichkeit aus dem Zimmer. Bei einem »halbherzigen« Wutanfall (was bei älteren Kleinkindern durchaus vorkommt) reicht es mitunter aus, ihn nicht zu beachten.

KLAMMERN

Der Drang nach Unabhängigkeit ist ein machtvoller Antrieb für das Kleinkind. Zugleich kann es aber überraschend anhänglich sein. In dieser Zeit fällt ihm die Trennung von Ihnen schwer. Wahrscheinlich fängt es nicht jedes Mal zu weinen an, wenn Sie das Zimmer verlassen, schließlich ist es nicht mehr neun Monate alt. Aber es legt Wert darauf, dass Sie in der Nähe sind, und möchte nicht bei jemandem gelassen werden, den es nicht kennt oder zu dem es kein Vertrauen hat.

Auch wenn keine Tränen fließen, nur weil man aus dem Zimmer geht, wird das Kind vielleicht weinen, schreien oder Theater machen, wenn man es für einige Zeit einem Babysitter überlässt. Manche Kinder reagieren in einer solchen Situation so hysterisch, dass die Eltern lieber ihre sozialen Kontakte einschränken, als dieses Drama noch einmal mitzumachen. Mitunter scheint sich die Angst des Kindes auf die Eltern zu übertragen. Und die machen sich dann übermäßige Sorgen, was in ihrer Abwesenheit zu Hause alles passieren könnte.

DAS KÖNNEN SIE TUN:

★ Das Kind sollte den Babysitter kennen und mögen. Drängen Sie ihm keine fremde Person auf.

★ Bitten Sie den Babysitter, rechtzeitig zu kommen, damit die beiden schon vor Ihrem Gehen Spaß miteinander haben können.

★ Erklären Sie dem Kind in Ruhe, dass Sie fortgehen und dass Sie wiederkommen werden.

★ Geben Sie ihm einen Kuss, umarmen Sie es und sagen Sie: »Bis später.«

★ Dann zügig davongehen!

★ Denken Sie daran, dass die Tränen wahrscheinlich schon getrocknet sind, sobald Sie um die nächste Ecke biegen.

★ Machen Sie dies auch mal tagsüber bei Freunden, damit das Kind mit dem Muster vertraut wird.

SAUBER WERDEN

Bei der Sauberkeitserziehung ist der
richtige Zeitpunkt entscheidend. Man
sollte nicht zu früh damit beginnen,
das führt später fast unweigerlich zu
Problemen. Es gibt einen guten Grund,
weshalb Sie vor dem Alter von zwei bis
zweieinhalb Jahren nicht einmal daran
denken sollten: Bis zum Alter von achtzehn Monaten ist ein Kind körperlich
und geistig nicht in der Lage, Darm oder
Blase zu kontrollieren. Wenn es so weit
ist – vielleicht erst mit zwei oder drei
Jahren –, wird das Kind oft leicht und
schnell sauber.

Siehe »Sauberkeitserziehung«,
Seite 104.

Das Kindergartenkind: drei bis fünf Jahre

Natürlich verschwindet das Kleinkindverhalten nicht wie durch Zauberhand am dritten Geburtstag. Die Selbstkontrolle nimmt zwar allmählich zu, und die Wutanfälle lassen nach, aber sie bleiben nicht völlig aus. Der Entwicklungsprozess kann auch durch ein neues Geschwisterchen durcheinander geraten. Plötzlich ist die schon recht vernünftige Vierjährige verschwunden, und Sie haben auf einmal Ihr irrationales Kleinkind zurück.

Doch irgendwann zwischen drei und fünf legt das Kind dieses Verhalten ab. Es kann sich und seine Impulse nun besser beherrschen. Es lernt zu denken und spielt mehr *mit* anderen Kindern als neben ihnen. Es kann (kurz) warten.

FRAGEN ÜBER FRAGEN

Dies ist das Alter des unablässigen Fragens. Die Sprachentwicklung verläuft unterschiedlich rasch, doch mit drei Jahren können viele Kinder sich gut verständlich machen. Das Lieblingswort des Zweijährigen war »Nein!«, das des Dreijährigen lautet »Warum?«. Kinder in dieser Phase stellen nicht nur permanent Fragen, sondern fordern uns liebend gern heraus und möchten sich unterhalten. Doch das volle Verständnis fehlt noch immer. Erwarten Sie also nicht, dass das Kind logischen Argumenten oder einer detaillierten Erklärung folgen kann. Wenn ein Dreijähriger sich durchsetzen will, ist »Warum?« nur eine spitzfindigere Version von »Nein!«. Das wird besonders deutlich, wenn man etwas erklärt und sofort das nächste Warum folgt.

REGE FANTASIE

In der Gedankenwelt des Kindergartenkindes mischen sich häufig noch Wahrheit und Fantasie. Oft halten Kinder dieses Alters das, was sie sich ausdenken, für die Wahrheit. Vierjährige haben häufig einen »unsichtbaren Freund«, der sie eine ganze Weile begleiten kann und meist ähnliche Vorlieben und Abneigungen hegt wie sie: »Basti mag auch keine Erbsen.« Manchmal bekommt »Basti« die Schuld, wenn ein Kind etwas falsch gemacht hat.

All das ist kein Zeichen dafür, dass Ihr Kind sich zum Lügner aus-
wächst, sondern ein normales Entwicklungsstadium und Ausdruck
überbordender Fantasie. Weisen Sie das Kind behutsam auf den
Unterschied zwischen Einbildung und Realität hin. Machen Sie ihm
klar, dass es gut ist, die Wahrheit zu sagen und für das eigene Tun
Verantwortung zu übernehmen, ohne andere – auch Unsichtbare – zu
beschuldigen.

FREUNDSCHAFTEN SCHLIESSEN

Ein großer Unterschied zum Kleinkind ist die wachsende Fähigkeit, mit anderen Kindern zu spielen. Das Kleinkind geht ganz im eigenen Spiel auf. Vielleicht spielt es eine Weile zufrieden *neben* einem anderen Kind oder schaut diesem beim Spielen zu, aber es spielt nicht mit ihm *zusammen*.

Teilen können Dreijährige auch noch nicht sehr gut, aber sie spielen jetzt viel lieber auch mit anderen. Mit vier Jahren versteht ein Kind schon besser, dass andere Menschen ähnliche Gefühle haben wie es selbst. Dadurch kann sich eine sehr viel reifere Form des gemeinsamen Spiels entwickeln.

Bis zum Alter von fünf Jahren hat das Kind sich bereits unendlich weit vom Neugeborenen entfernt, das nicht einmal ahnte, dass es ein eigenständiges Wesen ist. Mit fünf weiß ein Kind nicht nur, dass es außer ihm noch andere Menschen gibt, sondern kann auch deren Gefühle berücksichtigen.

Es versteht Regeln und kann sie befolgen, und es kann sich bis zu einem gewissen Grad beherrschen. Darüber hinaus kann es schon vorher über die Folgen einer bestimmten Handlung nachdenken. Darum kann man mit ihm nun recht vernünftig reden. In nur fünf Jahren hat das Kind einen langen Weg zurückgelegt – und steht doch immer noch am Anfang.

Sicherer Spielraum

Um Ihren kleinen Stuntman oder Ihre kleine Forscherin zu schützen, ist es wichtig, das Haus kindersicher zu machen. Gleichzeitig schonen Sie damit auch Ihre Nerven. Wenn das ganze Haus voller Gefahrenquellen oder kostbarer Gegenstände steckt, können Sie dem Kind nicht eine Sekunde den Rücken zukehren.

Ein rundum kindersicheres Haus hätte wohl Ähnlichkeit mit einer gepolsterten Zelle voller Spielzeug – das ist weder praktisch noch erstrebenswert. Kinder müssen auch Respekt vor ihrer Umgebung entwickeln. Dennoch lassen sich gewisse Dinge einfach vermeiden. Dadurch erspart man sich überflüssige Konflikte, verhindert Unfälle und spart nicht nur Geld für Reparaturen und Neukäufe, sondern auch Zeit und Mühe bei der Schadensbeseitigung.

GEFAHREN IM HAUS

Wenn Sie sich zu Hause umsehen, fallen Ihnen sicher nahezu unausweichliche Unfallquellen ins Auge. Zerbrechliches in Reichweite von Kinderhänden, Kabel, die dazu einladen, mal kräftig daran zu ziehen, oder Putzmittel in unverschlossenen Schränken. Erst als Eltern begreifen wir die mysteriösen Gedankengänge eines Dreikäsehochs. Gehen Sie also ruhig mal in die Knie und betrachten Sie die Welt aus seinem Blickwinkel.

Kinder sind zum Beispiel häufig von Schlüsseln fasziniert. Schlüssel passen in Schlösser. Schlösser sehen so ähnlich aus wie Steckdosen. Steckdosen sind genau in Kinderhöhe. Passt der Schlüssel in die Steckdose? Mal sehen! Dafür wurden Kindersicherungen erfunden. Oder was ist mit dem Videorekorder? Passt der Marmeladentoast in den Schlitz?

Jedes Kind probiert mindestens einmal etwas absolut Irrwitziges aus (jedenfalls aus Sicht eines Erwachsenen), und in einem bestimmten Stadium finden alle es unwiderstehlich, Dinge in ihre Einzelteile zu zerlegen. Zudem bersten die Kleinen zwar oft geradezu vor Energie und Eroberungsdrang, aber sie verfügen noch nicht über eine perfekte Körperbeherrschung. Es kommt zu Unfällen, und Dinge gehen kaputt. So ist das Leben.

EINE KINDERSICHERE UMGEBUNG:

* Viele Kleinkinder sind wahre Kletter-
künstler. Sie klettern an Vorhängen
hinauf, sie verschieben Stühle und benutzen sie als Leiterersatz – ohne einen
Gedanken daran zu verschwenden, wie
sie wieder herunterkommen oder dass
sie herunterfallen und sich dabei wehtun
könnten. Die interessantesten Dinge
spielen sich meist oberhalb ihrer Kopf-
höhe ab. Begrenzen Sie deshalb die An-
reize zum Klettern auf ein Minimum.
Süßigkeiten müssen ja nicht offen sichtbar auf dem obersten Regal liegen. In
Stockbetten sollte das kleinere Kind unten schlafen. Oben muss eine feste Brüs-
tung sein. Bücherregale muss man an
der Wand festschrauben, damit sie nicht
umkippen können.

* Alles, was herabbaumelt, lädt das Kind
dazu ein, daran zu ziehen, um zu sehen,
was sich am anderen Ende befindet. Man
kann nicht immer jedes Kabel verstecken,
aber halten Sie die Augen offen. Pfannen-
griffe sollten nicht über den Herd hinaus-
ragen. Kochen Sie lieber auf den hinteren
Platten.

* Es gibt zahlreiche Kindersicherungen
für Fenstergriffe oder Kippfenster, Steckdosen, spitze Ecken an Tischen und
Schränken, rutschige Bademmatten, Trep-
pen und die Schränke mit Putzmitteln,
Medikamenten oder Alkohol. Rauchmel-
der sind eine sinnvolle Anschaffung.

* Glastüren, französische Fenster oder
andere Glasflächen lassen sich mit
Klebefolie sichern.

* Nützlich ist auch eine Kabelhalterung
für die Kabel aus Fernseher, DVD- und
Videorekorder.

* Sie ersparen sich Zeit, Aufwand, Kosten
und Kopfschmerzen, wenn Sie Dinge, an
denen Sie hängen, nicht in Reichweite
des Kindes aufbewahren. Wer will schon
fünfunddreißigtausend Mal am Tag
»Nicht anfassen!« sagen? Auch den Kindern gegenüber ist so etwas nicht fair.
Schließlich ist es auch ihr Zuhause.

* Waschbare Bezüge für Sofas und Stühle
sowie waschbare Fußmatten und Vor-
hänge erleichtern es, die Spuren klebri-
ger kleiner Finger zu beseitigen. Sie
können die Stoffe ruhig imprägnieren.

* Investieren Sie gar nicht erst in Ober-
flächen, die nur bei ständiger Pflege gut
aussehen. Der Aufwand für ihre Erhal-
tung wird Sie ärgern und raubt Zeit, die
Sie besser mit den Kindern verbringen
könnten.

* Auch wenn Ihnen Ihr Zuhause sicher
erscheint: Die meisten Unfälle geschehen im Haus, nicht draußen, wo man
vielleicht besser auf der Hut ist.

Tagesablauf
und Regeln

Ich bin davon überzeugt, dass ein geregelter Tagesablauf für die ganze Familie von enormem Vorteil ist. Der Alltag ist damit schon einmal strukturiert, und es bleibt Raum genug für die persönlichen Nischen.

Für Kinder ist es sehr hilfreich, wenn jeden Tag ungefähr dieselben Dinge immer zur gleichen Zeit geschehen und dadurch vorhersehbar werden. Es existieren wirklich gute Gründe für feste Zeiten. Wenn es zum Beispiel keine feste Schlafenszeit gibt, passiert es mitunter, dass Sie ein noch gar nicht müdes oder aber ein völlig übermüdetes Kind ins Bett schicken, das dann noch einmal richtig aufdreht, obwohl es tatsächlich Schlaf bräuchte. Die Schlafenszeit des Kindes ist einfach zu wichtig und sie hat viel zu große Auswirkungen auf alle anderen in der Familie, als dass man sie dem Zufall überlassen sollte. Viele Eltern wissen überdies nicht, welche Wirkung starke Verschiebungen bei den Essenszeiten oder zu große Lücken zwischen den Mahlzeiten auf den Blutzuckerspiegel eines Kindes haben. Es kommt dadurch zu Stimmungsschwankungen und Müdigkeit.

Ein geregelter Tagesablauf trägt dazu bei, die körperlichen Bedürfnisse des Kindes zur rechten Zeit zu befriedigen – essen, wenn es Hunger hat, schlafen, wenn es müde wird. Bei diesen elementaren Dingen sind feste Zeiten von grundlegender Bedeutung. Außerdem weiß das Kind in diesem Fall, was es erwarten darf. Wenn praktisch alles zu jeder beliebigen Zeit stattfinden kann, ist es kein Wunder, wenn Kinder unsicher und sprunghaft werden. Wenn sie stets mit dem Unerwarteten rechnen, kommen sie nie zur Ruhe. Manche Kinder reagieren dann auf jedes neue Ereignis trotzig oder mit einem Wutanfall, weil sie innerlich nicht darauf vorbereitet sind. Die Tagesroutine hingegen hilft ihnen zu begreifen, was als Nächstes geschieht. Sie fühlen sich weder gedrängt noch überfahren.

Feste Zeiten stabilisieren das Familienleben. Daneben müssen Regeln vereinbart werden. Bevor man ein bestimmtes Verhalten vom Kind einfordern kann, muss man entscheiden, was akzeptabel ist und was nicht. Und dann wird dabei geblieben. Beugt man ständig die Regeln oder verschiebt die Ziellinie, hat das Kind keine Ahnung, was von ihm verlangt wird. Es nimmt Sie nicht mehr ernst – »Bekomme ich deswegen jetzt Ärger oder nicht?« Werden Regeln dauernd verändert oder nicht konsequent durchgesetzt, ergreift das Kind die Gelegenheit, nur genau das zu tun, was es will.

Einen Zeitplan erstellen

Mit kleinen Kindern hat man leicht das Gefühl, der Tag hätte einfach nicht genug Stunden, um die Bedürfnisse aller zu befriedigen (am wenigsten die eigenen). Deshalb muss man Prioritäten setzen.

Sobald Eltern unter Zeitdruck geraten, passiert oft Folgendes: Zuerst beschneiden sie ihre persönlichen Freiräume. Danach beschneiden sie die Zeit, die sie mit ihren älteren Kindern verbringen. Und schließlich versuchen sie, alles schneller zu machen, sie fangen an, das Kleinkind zu drängeln. Am Ende ist niemand zufrieden.

Wer nicht mehr genug Zeit für sich selber oder für den Partner hat, gefährdet seine Beziehung. Wenn ältere Kinder das Gefühl haben, nicht genug Aufmerksamkeit zu bekommen, werden sie eifersüchtig oder erinnern die Eltern auf andere Weise daran, dass es sie auch noch gibt. Und ein Kleinkind, das gehetzt wird, stemmt bestenfalls die Fersen in den Boden. Schlimmstenfalls wirft es sich schreiend auf die Erde.

ZEIT FÜR ALLE

Ein strukturierter Tagesablauf berücksichtigt die Bedürfnisse aller Familienmitglieder und bildet zugleich den Rahmen, in dem sich das Kleinkind sicher fühlen kann. Manche Eltern fühlen sich von diesem Rahmen eingeengt, doch in Wahrheit bleibt mehr Raum für Spontaneität – es nimmt der Druck ab, in den wir geraten, wenn wir versuchen, mit der begrenzten Zeit zu haushalten. Wenn verschiedene Abläufe sich nicht in die Quere kommen, kommt jeder zu seinem Recht. Plötzlich herrscht weniger Hektik und Chaos.

In meiner Serie *Supernanny*, die in England und in den USA im Fernsehen läuft, schreiben wir für jede Familie einen Stundenplan und hängen ihn am Kühlschrank auf. Das brauchen Sie natürlich nicht zu tun. Finden Sie einfach den passenden Rhythmus für Ihre Familie, prägen Sie ihn sich ein und halten Sie sich so oft wie möglich daran.

TIPPS ZUM TAGESPLAN:

★ Die Mahlzeiten und Schlafenszeiten sind die Eckpfeiler des Tages. Bei kleinen Kindern plädiere ich für frühe Mahlzeiten – Abendbrot zwischen 17 und 17.30 Uhr.

★ Der normale Tagesablauf dient dazu, dass Dinge innerhalb einer vernünftigen Zeitspanne erledigt werden. Wenn die Zeit vom Badezimmer bis ins Bett zu lange ausgedehnt wird, schränkt dies den Abend der Eltern ein. Wenn Sie hingegen zu sehr drängeln, fällt es dem Kind schwerer, zur Ruhe zu kommen. Kinder spüren immer, ob wir es eilig haben.

★ Nicht zu streng sein! Gelegentliche Verschiebungen um eine halbe Stunde sind nicht weiter schlimm.

★ Realistisch bleiben. Einem Kind, das viel Zeit zum Anziehen braucht, muss man diese Zeit eben einräumen. Sonst machen wir uns das Leben unnötig schwer.

★ Im Sommer können Kinder ruhig eine halbe Stunde später schlafen gehen. Im Hellen einzuschlafen fällt Kindern schwer.

★ Jedes Kind braucht verlässliche Zeiten ungeteilter Aufmerksamkeit. Dabei können die Eltern sich abwechseln. Einmal badet Mama den Kleinen und Papa liest der Großen vor und bringt sie ins Bett, am nächsten Tag ist es andersherum. Wechseln Sie sich wenigstens am Wochenende ab, wenn es unter der Woche schwierig ist.

★ Reservieren Sie Zeit für sich und für den Partner – nicht als nette Zugabe, sondern weil das notwendig ist. Sie sehnen sich doch danach, oder?

DAS KIND EINWEIHEN

Wenn der Zeitplan dann steht, müssen Sie Ihr Kind in den Plan einweihen. Jeden Tag. Zu jeder neuen Phase des Tages.

Kleinere Kinder können sich Dinge noch nicht sehr lange merken. Ein geregelter Tagesablauf funktioniert nur, wenn er wieder und wieder erklärt wird. Sonst kommt jede neue Handlung immer noch überraschend. *Sie* wissen, dass in fünf Minuten gebadet wird. Das Kind weiß es erst, wenn Sie es ihm mitteilen.

Irgendwann kommen Sie sich vielleicht vor wie eine automatische Zeitansage, aber das ist ein wirklich wichtiger Bestandteil eines funktionierenden Tagesablaufs. Kündigen Sie jede neue Aktivität mit klarer, ruhiger Stimme rechtzeitig und mehrfach an. Auf diese Weise hat ein Kleinkind, das weitgehend »jetzt« denkt, die Möglichkeit, sich auf das Kommende einzustellen. Außerdem hat es das Gefühl, an der Planung beteiligt zu sein. Darum leistet es weniger Widerstand und versucht nicht so oft, selbst die Kontrolle zu übernehmen.

»In fünf Minuten gehen wir zum Spielplatz. Komm, wir holen deine Schuhe.« Zeigen Sie Ihre Vorfreude bei der Ankündigung. Kinder reagieren stark auf den Tonfall.

»Mami holt jetzt das Handtuch. In zwei Minuten kommst du aus dem Wasser.«

KLARE ANSAGEN

Der Tagesablauf wird von Erklärungen begleitet. Aber das Kind muss keine Wahl treffen. Sagen Sie: »Komm, Schuhe anziehen!«, aber nicht: »Ziehst du bitte deine Schuhe an?« oder gar: »Welche Schuhe möchtest du anziehen?« Ein Kleinkind darf schon mal zwischen zwei akzeptablen Möglichkeiten wählen. Aber eine große Auswahl bedeutet für das Kind, dass Sie nicht wissen, was Sie tun (warum sollten Sie es sonst fragen?). Damit schwingt es sich zum Chef auf.

Dasselbe gilt für Verhandlungen. Sagen Sie nicht: »Wenn du deine Schuhe anziehst, kannst du auf den Spielplatz.« Besser ist: »Sobald du deine Schuhe anhast, gehen wir auf den Spielplatz.« Mitunter ist es nur ein kleiner Unterschied in der Formulierung, aber ein großer Unterschied im Ergebnis.

Bei geplagten Eltern zeigt sich der Stress oft an der Stimme und in kurzen Halbsätzen: »Ab ins Bett!« Damit bleibt dem Kind kein Raum für eigene Beiträge. Es fühlt sich in die Ecke gedrängt. Zudem signalisiert der gestresste Tonfall für das Kind Panik. Kinder bekommen schnell mit, wenn wir unter Druck stehen, und versuchen für gewöhnlich, diese Situation auszunutzen – notfalls über einen Wutanfall.

Wer ruhig bleibt und sich Zeit für Ankündigungen lässt, macht dem Kind klar, wer das Kommando führt.

EINE ATMOSPHÄRE ZUM WOHLFÜHLEN

Ein fester Tagesablauf reduziert das Alltagschaos, denn er erlaubt uns, die Zeit gut zu nutzen. Sobald er einmal eingeführt ist, läuft alles deutlich entspannter.

Auch ein gewisses Maß an Ordnung ist von Nutzen. Unordnung kostet eine Menge Zeit – etwa wenn wir das ganze Haus auf den Kopf stellen müssen, um den Schlafanzug oder die Schuhe des Kindes zu finden. Wenn Unordnung herrscht, werden Kinder noch aufgedrehter und lernen außerdem nicht, was es heißt, Respekt vor ihrer Umgebung zu haben. Wege aus der Unordnung stehen auf Seite 153.

Ein übermäßiger Lärmpegel kann kleinen Kindern ebenfalls zu schaffen machen, selbst wenn der meiste Lärm durch ihr Geschrei entsteht. Sorgen Sie nicht für noch mehr Lärm, indem Sie den Fernseher anstellen oder das Radio auf volle Lautstärke drehen.

Zwischen zwölf und achtzehn Monaten reagieren viele Kinder auf laute Geräusche schreckhaft. Sie lassen sich von Staubsaugern, Küchenmaschinen oder Feuerwerk aus der Fassung bringen. Gewöhnlich ist die Aufregung nur von kurzer Dauer, aber zwischendurch müssen Sie den Entsafter vielleicht mal abstellen. Ich musste mal auf ein kleines Mädchen aufpassen, das riesige Angst vor dem Mixer hatte. Also setzte ich sie drei Meter entfernt auf das Sofa und warnte sie vor, dass ich den Mixer einige Male rasch an- und ausschalten würde, damit sie sich an das Geräusch gewöhnen könnte. Erst danach benutzte ich ihn. Je näher ein Kind der Geräuschquelle ist, desto leichter gerät es in Panik.

Regeln aufstellen

Stellen Sie sich vor, Sie würden ein Spiel spielen, bei dem alle außer Ihnen die Regeln kennen. Es wäre unmöglich und außerdem ziemlich frustrierend.

Und nun stellen Sie sich ein Spiel vor, bei dem die Regeln sich ständig verändern:

»Wenn Sie über LOS kommen, erhalten Sie 200 Euro.«

»Wenn Sie über LOS kommen, zahlen Sie 200 Euro.«

»Wenn Sie über LOS kommen, passiert gar nichts.«

Bald würden Sie eigene Regeln erfinden und mit allen Mitteln versuchen, irgendwie teilzunehmen.

Kindern geht es genauso. Wenn man ihnen nicht die Regeln erklärt – also das, was wir von ihnen erwarten –, können sie diese nicht befolgen. Wenn wir eine Regel aufstellen und bei Bedarf wieder ändern, nehmen sie uns nicht mehr ernst. Wer Regeln setzt, die einfach nicht zu befolgen sind, hat einen endlosen, sinnlosen Kampf vor sich. Das ist dem Kind gegenüber unfair.

REALISTISCHE ANFORDERUNGEN

Regeln sind Grenzen, die Kinder brauchen. Aber die Regeln müssen nicht nur konsequent durchgesetzt werden, sondern sollten auch dem jeweiligen Alter des Kindes angemessen sein. Es ist unsinnig, von einem Kleinkind zu verlangen, so auf Ordnung zu achten wie ein Erwachsener – es ist auf Chaos »programmiert«. Erwarten Sie also keine Perfektion, die nicht durchsetzbar wäre, sondern erlauben Sie dem Kind unter Aufsicht den Umgang mit kritischen Materialien. Wenn es die Filzstifte in die Finger bekommt, während man ihm gerade den Rücken zudreht, sind wir selber schuld, falls hinterher die Wände künstlerisch verziert sind.

Ein weit verbreiteter Fehler von Eltern ist, das Verständnis ihrer Kinder gewaltig zu überschätzen. Es gibt aber auch das Gegenteil. Manchmal sehen Eltern in ihrem Kind noch das Baby, obwohl es aus diesem Stadium längst herausgewachsen ist. Manch einem fällt es schwer, das Kleine groß werden zu lassen, besonders beim jüngsten und letzten Kind. Andere Eltern wiederum verhätscheln ihr Kind, weil es dadurch leichter zu führen ist.

Ihnen kommt der Tag, als Sie Ihr Kind nach Hause brachten, vielleicht wie gestern vor. Aber mit zwei bis drei Jahren ist ein Kind kein Baby mehr. Es brennt darauf, selbstständig etwas auszuprobieren, und wird sich massiv dagegen wehren, wenn Sie ihm die einfachsten

Dinge nicht gestatten, zum Beispiel selber zu essen. Vielleicht kann es das noch nicht, ohne zu kleckern. Doch wir sollten uns nicht darüber aufregen, solange das Kind seine Unabhängigkeit auf eine Weise demonstriert, die niemand anders schadet. Es will lernen. Unterdrücken Sie diesen Impuls nicht.

Nur Perfektion dürfen wir nicht erwarten. Wer realistische Erwartungen hegt, regt sich nicht so leicht auf, wenn mal etwas schief geht.

KONSEQUENT BLEIBEN

Viele Eltern erstellen Regeln aus dem Stegreif. Das ist mitunter unvermeidlich. Problematisch wird es, wenn die Regeln nicht mit dem anderen Elternteil abgesprochen werden. Die Folge ist oft Inkonsequenz. Es ist sinnvoll, sich hin und wieder zusammenzusetzen und einen gemeinsamen Ansatz zu suchen. Welches Benehmen halten beide Eltern für inakzeptabel? Womit könnten Sie vielleicht auch lockerer umgehen? Worin sind Sie unterschiedlicher Meinung? Ganz wichtig ist, dass man sich auf bestimmte Regeln einigt, die dann für alle verbindlich sind. Wenn die Eltern keine gemeinsame Front bilden, lernen Kinder sehr schnell, sie emotional gegeneinander auszuspielen.

Bei sehr unterschiedlichen Erwartungen an die Kinder wird es bald unmöglich, überhaupt noch Regeln durchzusetzen – ob gute oder schlechte. Gespräche können bei der Klärung unterschiedlicher Blickwinkel helfen. Vielleicht wurden Sie selbst wesentlich strenger erzogen als Ihr Partner oder umgekehrt. Das spielte bisher möglicherweise keine Rolle. Doch mit der Ankunft eines Kindes können Unterschiede zwischen den Partnern zutage treten, die einem vorher nicht bewusst waren. Jetzt wird es Zeit, die individuellen Erwartungen auszusprechen und einen gemeinsamen Ansatz zu entwickeln.

Der Elternteil, der die meiste Zeit mit dem Kind verbringt, weiß oft besser, was das Kind bereits begreifen kann und welche Regeln deshalb in diesem speziellen Alter angemessen sind. Reden Sie offen miteinander. Das hilft nicht nur jetzt, sondern auch bei den Veränderungen, die noch kommen werden.

INAKZEPTABLES VERHALTEN

Bestimmte Verhaltensweisen darf man grundsätzlich nicht akzeptieren. Vielleicht ist das Kind noch zu klein, um die Gründe zu verstehen, doch manchmal muss man ihm klar und deutlich aufzeigen, dass gewisse Dinge einfach nicht erlaubt sind. Zur Kategorie »streng verboten« gehört alles, was anderen Menschen wehtut: Schlagen, Beißen, Kneifen, Schubsen, Beschimpfen. Hinzu kommt das, womit sich das Kind in Gefahr bringen könnte: im Auto den Gurt lösen oder beim Überqueren der Straße nicht an der Hand gehen wollen. Bei einem sehr kleinen Kind ist so ein Verhalten weitgehend spontan. Sobald man jedoch merkt, dass es mit Absicht erfolgt, müssen die Regeln fair, aber konsequent durchgesetzt werden. Wenn man einem Kind nicht beibringt, dass es seine Geschwister nicht schlagen darf, kommt es zu dem Schluss, dass es auch auf fremde Kinder losgehen kann.

WENIGER IST MEHR

Regeln für kleine Kinder sollten auf das nötige Maß begrenzt werden. Wenn es für alles und jedes eine Regel gibt, müssen Sie Ihre Kinder irgendwann pausenlos maßregeln. Ein kleines Kind erkennt noch nicht den Unterschied zwischen einer wichtigen Regel (»Schlagen darf man nicht«) und einer nachgeordneten (»Man kaut mit geschlossenem Mund«). Bei ganz kleinen Kindern konzentriert man sich daher auf die elementaren Dinge. Denn bei ständiger Zurechtweisung und dauerndem Zwist macht das Familienleben bald gar keinen Spaß mehr, und alle leiden unter der Anspannung.

Wenn das Kind älter wird, können weitere Regeln hinzukommen, sobald es die vorherigen gemeistert hat. Der Maßstab dafür ist die Entwicklung des Kindes.

Am gleichen Strang ziehen

Klare Richtlinien – ein fester Tagesablauf und abgesprochene Regeln, die zu Hause gelten – erweisen sich auch dann als hilfreich, wenn noch andere Menschen für die Kinder da sind. Nicht nur die Eltern müssen an einem Strang ziehen, sondern ebenso Großeltern, Babysitter, Aupairmädchen und Nannys.

Ehe Sie Ihre Kinder daher anderen Menschen anvertrauen, sollten Sie diesen in Ruhe erklären, was wann in Ihrer Familie passiert, aber auch welches Benehmen bei Ihnen akzeptabel ist und welches nicht. Kinder kennen sich nicht mehr aus, wenn Regeln ständig über den Haufen geworfen werden. Vielleicht legt die Oma viel mehr Wert auf gute Manieren. Oder sie ist deutlich nachgiebiger, weil sie ihre Enkel nun auf eine Weise verwöhnt, die ihr bei den eigenen Kindern nie eingefallen wäre. Darum müssen Sie ihr erklären, was Ihnen wichtig ist. Nur so kann das Kind sich orientieren.

NICHT SCHWACH WERDEN

Das Kind eine Weile der Obhut eines Menschen anzuvertrauen, ist etwas anderes, als wenn Eltern dauerhafte Vereinbarungen brauchen, etwa weil sie wieder arbeiten gehen. Dann sind Absprachen bei den Grundregeln und beim Tagesablauf unerlässlich. Eltern, insbesondere Mütter, plagen oft große Schuldgefühle, wenn sie ihre Kinder anderen überlassen. Mitunter werden sie dann großzügiger, was die Regeln angeht, sobald sie von der Arbeit heimkommen. Doch man tut dem Kind keinen Gefallen, wenn man es verwöhnt, um dadurch die eigenen Schuldgefühle zu mindern. Wenn die Eltern nach Hause kommen, wünscht sich das Kind ungeteilte Aufmerksamkeit, nicht jedoch die Aufhebung aller Regeln. Ihr Kind wird glücklicher sein und sich sicherer fühlen, wenn es spürt, dass alle, die sich um es kümmern, dies auf die gleiche Weise tun. Halten die Eltern sich nur halbherzig an ihre eigenen Regeln, badet es derjenige aus, der am nächsten Tag das Kind versorgt. Achten Sie auf ausreichend Zeit für ein Gespräch, was tagsüber vorgefallen ist.

Ausnahmen bestätigen die Regel

Ganz gleich, wie gut Sie organisiert sind und wie durchdacht der Tagesablauf ist – es gibt Zeiten, wo Unvorhergesehenes geschieht. Manches davon ist unvermeidlich. Zahnen oder Krankheiten sind solche Fälle. Andere Unterbrechungen in der Routine sind vermeidbar oder können durchaus abgefedert werden.

Der Tagesablauf ist nicht in Stein gemeißelt. Am Wochenende, insbesondere am Samstag, dürfen Kinder ruhig etwas später schlafen gehen. Am Sonntagabend sollten Sie allerdings standhaft bleiben.

Planen Sie außergewöhnliche Ereignisse so, dass das Kind möglichst wenig davon betroffen ist. Gäste sollten nicht ausgerechnet dann eintreffen, wenn das Kind gerade isst oder schlafen gehen soll. Kleinen Kindern fällt es schwer, die Aufmerksamkeit der Eltern mit jemandem zu teilen. Manche sind Fremden gegenüber auch sehr schüchtern. Wenn etwas Ungewöhnliches ansteht, sollten Sie Ihrem Kind vorher in Ruhe davon erzählen.

IM URLAUB

Im Urlaub ist der normale Tagesablauf oft außer Kraft gesetzt. Für einen Erwachsenen sind zwei Wochen Urlaub keine lange Zeit, für ein kleines Kind hingegen unendlich viel. Wer in den Ferien auf die Strukturierung des Tages verzichtet, muss zu Hause unter Umständen ganz von vorn anfangen. Mitunter verändert ein Urlaub die Schlafgewohnheiten des Kindes, oder es kommt anschließend erstmals zu Problemen beim Einschlafen. Deshalb müssen Sie natürlich nicht zu Hause bleiben, aber Sie sollten sich vorher Gedanken machen, wie Sie einen klaren Tagesablauf aufrechterhalten können. Insbesondere die Essens- und Schlafenszeiten sollten möglichst konsequent beibehalten werden.

FERN VON ZU HAUSE:

⚠ Wenn Sie ein Fernziel ansteuern, muss Ihnen klar sein, dass die Anreise lange dauert und vielleicht gar eine Zeitverschiebung hinzukommt. Auch Kinder leiden unter Jetlag. Sie brauchen einen bis zwei Tage, um sich anzupassen.

⚠ Der gewohnte Rhythmus sollte möglichst beibehalten werden: Aufstehzeit, Mahlzeiten, Bad und Schlafenszeit sind die Eckpfeiler des Tages. Die Unternehmungen sind natürlich ganz andere als sonst, doch damit kommen die meisten Kinder recht gut klar.

⚠ Wenn es heiß ist, essen Kinder meist weniger. Das sollte Sie nicht beunruhigen. Bieten Sie ihnen jedoch reichlich Wasser an.

⚠ Kuscheltier und Lieblingsspielzeug helfen dem Kind, wenn es in einem fremden Bett schlafen soll. Mitunter kann man auch überlegen, ob eine Lieblingsspeise mit auf die Reise gehen sollte. Auch Medikamente und eine kleine Erste-Hilfe-Ausrüstung sollten Sie im Urlaub sicherheitshalber dabeihaben.

Grenzen setzen

Feste Zeiten und klare Regeln sind für kleine Kinder wichtig. Ohne Disziplin läuft in diesem Punkt nichts. Nahezu alle Fragen, die auch nur am Rand mit Familie und Kindererziehung zu tun haben, vom Thema Fernsehkonsum bis hin zur richtigen Ernährung, lösen heutzutage leicht eine erregte Debatte in den Medien aus. Disziplin jedoch ist ein Thema, bei dem es in jedem Fall Kontroversen gibt.

Was ist zu streng? Was ist zu nachgiebig? Über solche Fragen könnte ich den ganzen Tag diskutieren. Eines jedoch weiß ich: Wenn Eltern einknicken, um lieber der beste Kumpel ihrer Kinder zu sein, verlieren sie ihre Autorität. Disziplin bedeutet die Suche nach dem Gleichgewicht zwischen der Wärme, die wir dem Kind schenken möchten, und einer unnachgiebigen Haltung, sobald diese erforderlich ist. Wer den Kindern gegenüber zu hart reagiert, läuft Gefahr, sie zu entmutigen. Wer hingegen gar keine Grenzen setzt, hat am Ende Kinder, die keine Selbstdisziplin gelernt haben. Früher oder später – meist mit Beginn der Schulzeit – finden sich diese Kinder außerhalb von zu Hause in einer Lage wieder, wo mangelnde Selbstbeherrschung noch größere Probleme hervorruft. Dann wird möglicherweise die Lernfähigkeit des Kindes beeinträchtigt oder es findet nur schwer Freunde.

Ein Kind, das tun darf, was es will und wann es will, müsste eigentlich sorglos und glücklich sein? Das ist nicht der Fall. Wenn das Kind mit allem durchkommt, geht es bald davon aus, dass es das Oberkommando hat. Für einen Zweijährigen eine irritierende Vorstellung. Zu viel Freiheit gibt dem Kind nicht das Gefühl, so sehr geliebt zu werden, dass es einfach alles darf.

Das Kind hat vielmehr den Eindruck, die Eltern kümmern sich nicht darum, ihm seine Grenzen aufzuzeigen. Kinder, die so aufwachsen, sind oft ängstlich, unsicher, wütend, verwirrt und unglücklich. Sie kennen nicht die Richtung, in die sie sich entwickeln sollen. Das verstört sie. Wenn sie bekommen, was sie wollen – oder zu wollen glauben –, bleiben sie unzufrieden und rennen weiterhin gegen die kaum spürbaren Grenzen an, um zu prüfen, ob die Eltern ihnen wohl jemals irgendetwas verwehren.

In den ersten Sendungen meiner Serie kam ich zu einer Familie, deren Oberhaupt zweieinhalb Jahre alt war. Charlie hatte buchstäblich das Sagen. Wenn er wollte, dass Mama, Papa und seine beiden älteren Geschwister im Dunkeln ohne Heizung vor dem abgeschalteten Fernseher saßen, wurde dies von allen hingenommen. Rund um die Uhr und Tag für Tag bekam Charlie seinen Willen. Aber glücklich war er dabei nicht. Je mehr seine Eltern ihm gewährten, desto mehr brüllte und schrie der Junge. Nach der Einführung einiger grundlegender Disziplinmaßnahmen, der Erstellung eines neuen Tagesplans, der Festlegung von Regeln, mit denen alle einverstanden waren, und dank sehr viel Lob und Ermutigung war Charlie wie ausgewechselt. Aus dem kleinen Wüterich, der nicht die leiseste Ahnung hatte, was er mit seiner ganzen Freiheit anstellen sollte, war ein entspanntes, glückliches Kind voller Selbstvertrauen geworden, das sich in der Familie nicht mehr als Showmaster aufspielte.

Wer würde schon seiner Zweijährigen die Autoschlüssel in die Hand drücken und von ihr erwarten, dass sie einkaufen fährt? Etwas Ähnliches jedoch tun Sie, wenn Sie das kleine Mädchen im Alltag bestimmen lassen, wo es langgeht. Ebenso wie es erst viele Jahre später seinen Führerschein machen wird, ist es in diesem Alter weder vernünftig noch erfahren genug, seine Angelegenheiten selbst zu regeln – geschweige denn Ihre!

Meiner Erfahrung nach denken Eltern, die anfangs überhaupt keine Regeln setzen, irgendwann um, wenn ihnen wirklich alles entgleitet. Dann allerdings stellen sie fest, dass sie kaum wissen, was sie nun tun könnten. Wenn schlechtes Benehmen lange geduldet wurde, ist es anstrengend, dagegen anzusteuern. Überraschenderweise tut es jedoch weniger weh als befürchtet. Und nicht nur die Charlies dieser Welt werden dadurch glücklicher, sondern auch alle anderen Familienmitglieder.

Den richtigen Ansatz finden

Jedes Kind hat seinen individuellen, unverwechselbaren Charakter. Es gibt echte Wirbelwinde, die nicht viel Schlaf brauchen und an allem, was um sie herum geschieht, lebhaft teilnehmen. Es gibt die Gelassenen, und es gibt richtige Dickköpfe. Was für ein Kind man bekommt, weiß man vorher nie. Deshalb gibt es auch keine »Allround-Methoden« zur Erziehung. Manche Kinder brauchen weniger »Zügel« als andere. Vergessen Sie aber nie, dass Disziplin nicht bedeutet, das Kind zu drangsalieren, seinen Willen zu brechen oder es zu einem Menschen zu machen, der es nicht ist. Es geht allein darum, einem Kind beizubringen, seine Persönlichkeit *angemessen* auszudrücken.

Die Erfolgschancen dafür steigen, wenn Sie die Form von Disziplin gefunden haben, zu der Sie stehen können. Auch wenn Sie zu den Eltern gehören, denen es schwer fällt, die Erwachsenenrolle zu spielen, sollten Sie auf Disziplin keinesfalls verzichten! Sie werden sehen, dass es verschiedene Möglichkeiten gibt. Manche davon liegen Ihnen vielleicht eher als andere. Eltern müssen manchmal eine neue Rolle übernehmen. Mit etwas Übung wachsen Sie in sie hinein.

LIEBE UND RESPEKT

Ein Kind, dem man Grenzen setzt, liebt uns deshalb nicht weniger. Wer Grenzen setzen mit harten Strafen assoziiert, hat diesen Punkt nicht richtig verstanden. Disziplin bedeutet, dem Kind beizubringen, wie man sich benimmt, und es dazu auch in die Schranken zu weisen. Loben und ermutigen gehört ebenso dazu wie feste Regeln und konsequente Kontrolle.

Noch in den chaotischsten Familien, die ich kennen lernte, fand ich stets viel Liebe vor, mitunter aber nicht sehr viel Respekt. Ein Kind, dass seine Geschwister oder Eltern nicht respektiert, verhält sich in anderen Situationen oft ähnlich – im Kindergarten oder in der Schule. Dann sind Schwierigkeiten vorprogrammiert.

Sich Gehör verschaffen

Der Tag hat nicht gut angefangen. Ihr Kleiner hat das ganze Repertoire aufgefahren und spielt jetzt im Wohnzimmer verrückt. »Lass das«, sagen Sie. Er hört nicht. »Lass das jetzt! NEIN! Finger weg!« Er reagiert nicht. »Hast du nicht gehört? Lass das SOFORT sein!«

Lass das! Lass das! Hör auf! Nicht anfassen! Finger weg! Wer sein Kind ständig anfährt, vermittelt nur noch eines, nämlich dass man total mit den Nerven am Ende ist. Wenn das Kind darauf aus war, durch ungezogenes Verhalten auf sich aufmerksam zu machen, hat es sein Ziel jetzt erreicht.

Schimpfen oder Anschreien bewirkt keine Besserung, sondern bringt Sie und Ihr Kind nur noch mehr in Rage. Irgendwann ist der Siedepunkt erreicht. Und wer hat letztlich die Kontrolle verloren?

Werfen wir aber auch einen Blick auf das andere Extrem. Sie sind stolz darauf, nie aus der Fassung zu geraten. Ihnen würde es nicht im Traum einfallen herumzubrüllen. Stattdessen sagen Sie: »Bitte tu das nicht! Ach, komm schon, bitte mach das nicht.« Und lächeln dabei.

Doch es geschieht immer noch nichts.

Der erste Schritt zu mehr Disziplin ist, so mit dem Kind zu sprechen, dass man es auch erreicht.

DEN RICHTIGEN NERV TREFFEN

Wenn wir mit einem Kind reden, achtet es nicht nur darauf, *was* wir sagen. Lange Vorträge oder komplizierte Erklärungen rauschen leicht an ihm vorbei. Kinder registrieren vielmehr die ganze Palette: Tonfall, Körpersprache, Unsicherheit, Sorge oder Angst. Sie haben hervorragende Antennen.

Übertreiben Sie die Mimik, wenn Sie mit Kindern sprechen, fast wie bei einem Rollenspiel. Viele Eltern machen das instinktiv, doch manche kommen sich dabei lächerlich vor. Nur keine Hemmungen! Treten Sie zugleich selbstsicher und spielerisch auf, wenn Sie mit Ihrem Kind reden und auf seine Worte reagieren. Mitunter nimmt es der Auseinandersetzung die Spitze, wenn Sie von sich in der dritten Person sprechen: »Mama wäscht dir jetzt die Hände.«

DIE STIMME DER AUTORITÄT

Wenn das Kind etwas falsch gemacht hat, müssen Sie es mit der Stimme der Autorität darauf hinweisen.

⭑ Gehen Sie zu dem Kind hin. Nicht quer durch das Zimmer schreien.

⭑ Gehen Sie in die Hocke, um es nicht mit Ihrer Größe einzuschüchtern. Sie brauchen direkten Blickkontakt. Dadurch geben Sie nicht von oben herab Kommandos, die das Kind einfach mal ignoriert.

⭑ Halten Sie das Kind an den Armen fest, damit es nicht weglaufen oder dem Blickkontakt ausweichen kann. Sagen Sie: »Sieh mich bitte an!«, wenn es sich abwenden will.

⭑ Nicht bedrohlich auftreten und keine Grimassen schneiden!

⭑ Schlagen Sie einen ruhigen, aber bestimmenden Ton an. Die Stimme sollte weder wütend noch drohend noch herablassend noch flehend klingen, sondern so, dass das Kind keinen Zweifel mehr hat, dass es Ihnen absolut ernst ist. Ihr Missfallen muss deutlich werden.

⭑ Sagen Sie ihm klar, ruhig und streng, was es falsch gemacht hat: »Schlagen ist verboten. Du darfst niemanden schlagen. Ich will nicht, dass du das noch einmal machst.«

Mitunter reicht das bereits. Kleine Kinder sind sehr begabt dafür, subtile Signale aufzuschnappen. Eine ruhige, feste Stimme und Sicherheit in der Körpersprache kann die Botschaft durchaus überzeugend rüberbringen.

Die Stimme der Autorität vermittelt, dass es Grenzen gibt, die ein Kind nicht überschreiten darf. Zudem trennt sie das Fehlverhalten vom Kind selbst. Darauf kommt es an – das Benehmen ist schlecht, nicht das Kind! Es geht nicht darum, es nach Strich und Faden auszuschimpfen, bis es sich völlig wertlos fühlt, oder es mit unserem Ärger einzuschüchtern, sondern ihm in aller Deutlichkeit zu zeigen, dass sein Verhalten falsch ist und uns missfällt.

Nicht jeder strahlt eine natürliche Autorität aus. Manche Eltern müssen an ihrem Selbstvertrauen arbeiten, um sicherer zu wirken. Wenn Sie unsicher sind, merkt das Kind es an Ihrer Stimme. Notfalls können Sie vor dem Spiegel üben.

DIE STIMME DER ANERKENNUNG

Wann haben Sie Ihr Kind zum letzten Mal gelobt? Wann haben Sie sein Verhalten zum letzten Mal uneingeschränkt bestätigt? Ihr Kleiner hat jetzt schon eine halbe Stunde lang weder die Katze noch sein Schwesterchen geärgert. Er hat sein Essen aufgegessen (größtenteils). Er hat sich sogar widerspruchslos im Auto anschnallen lassen. Für ein Kleinkind ist eine halbe Stunde einwandfreien Benehmens eine Ewigkeit. Wenn Sie diese kleinen Erfolge nicht anerkennen, glaubt er, Sie haben sie gar nicht bemerkt!

Er war also ein richtiges Goldkind, und Sie haben kein Wort darüber verloren? Womit soll er nun Ihre Aufmerksamkeit gewinnen? Vielleicht doch mal die Katze jagen? Den Teller umdrehen? Die Schwester schlagen? Wenn gutes Benehmen nichts einbringt, probiert das Kind es mit den Methoden, die sich bewährt haben.

Geizen Sie deshalb nicht mit Anerkennung. Lob für erwünschtes Verhalten steigt dem Kind weder zu Kopf noch wird es dadurch verwöhnt. Wobei »gutes Benehmen« gar nichts Besonderes sein muss. Oft reicht das Fehlen von unerwünschtem Verhalten aus. Viele Eltern registrieren zwar, dass ihre Kinder sich ordentlich benehmen, denken aber nur: »Puh. Endlich sind sie mal brav. Jetzt kann ich schnell etwas anderes erledigen.« Und schon sind sie fort. Leider haben sie vergessen, den Kindern mitzuteilen, dass sie das gute Verhalten bemerkt haben und zu schätzen wissen.

DEN UNTERSCHIED WÜRDIGEN

Oft wird übersehen, dass durchaus ein Lob angebracht ist, wenn ein Kind sich in einer Situation gut benimmt, während ein anderes gerade durchdreht. Wenn gerade ein ausgewachsener Tornado durchs Wohnzimmer donnert, um Ihre Aufmerksamkeit zu erheischen, kann ein braves Kind praktisch unsichtbar werden. Natürlich muss man das falsche Verhalten sanktionieren, darf dabei aber nicht vergessen, dasjenige Kind zu bestärken, das sich an die Regeln hält.

Positive Bestärkung ist von elementarer Bedeutung für den Punkt Disziplin. Durch Lob und Ermutigung lenken wir ein Kind in Richtung des erwünschten Verhaltens. Durch klare, unverrückbare Grenzen zeigen wir, welches Verhalten inakzeptabel ist.

GEFÜHL ZEIGEN

Die Stimme der Autorität klingt ruhig, fest und beherrscht. Die Stimme der Anerkennung dagegen zeigt Gefühl. Bei Babys wählen viele Eltern instinktiv eine hohe Stimmlage. Diesen Ton sollten Sie auch beim Loben anschlagen. Ein hoher, angeregter Tonfall zeigt, dass Sie erfreut sind. Sie dürfen auch gern mal klatschen oder jubeln.

»Braver Junge! Du hast gut gegessen!« Zeigen Sie Ihre Gefühle. »Mami ist sehr zufrieden mit dir.«

Auch eine bestätigende Berührung ist hilfreich. »Du spielst wirklich sehr schön.«

»Gut gemacht! Du hast Papi prima geholfen.«

DIE STIMME DER VERNUNFT

Ein Kleinkind registriert sehr viel, versteht aber vieles noch nicht richtig. Es denkt nicht wie ein Erwachsener, kann jedoch gut zwischen den Zeilen lesen. Ihr Tonfall und Ihre Körpersprache sprechen für das Kind Bände. Und selbst bei kleinen Kindern, die erst sehr wenig sprechen, wird die Art, wie der Erwachsene etwas sagt, überraschenderweise ihre Reaktion beeinflussen.

Man kann eine Menge Stress vermeiden, wenn man darauf achtet, wie man bestimmte Dinge in Worte kleidet. Denken Sie nach, ehe Sie sprechen. Wenn Sie verhandeln, wird das Kind auch verhandeln. Betteln Sie nicht – entweder fragen oder sagen. Wenn Sie nicht höflich sind, erreichen Sie die besseren Seiten Ihres Kindes nicht. Sagen Sie »Bitte«. Höflichkeit ist kein Zeichen von Schwäche.

KEINE WAHL LASSEN

Ich staune immer wieder, wie viele Wahlmöglichkeiten Eltern kleinen Kindern anbieten. Ein Kind von zweieinhalb oder drei Jahren kann einfach noch nicht zwischen sechs, acht oder gar zehn Optionen wählen. Selbst ältere Kinder ab vier oder fünf sind erst allmählich in der Lage, sich ernsthaft zu entscheiden.

Viele Eltern hassen die Vorstellung, einem Kind zu sagen, was es zu tun hat. Sie meinen, sie würden dadurch zu Diktatoren. Anstatt dem Kind zu sagen, was es tun soll, lassen sie ihm die Wahl – in der Hoffnung, dass das Kind dadurch erkennt, wie liebevoll und fürsorglich sie sind.

Häufig wird auch geglaubt, mit der Möglichkeit zur Wahl einen drohenden Tobsuchtsanfall abwenden zu können. Das Kind widersetzt sich jedem Versuch, es anzuziehen. Sie glauben, es will einfach die blaue Hose nicht tragen. Also darf es wählen, damit es dann zufriedener ist: »Möchtest du lieber die grüne Hose? Nein? Wie wär's dann mit der roten?« Sobald Sie den gesamten Kleiderschrank durchprobiert haben, landen Sie wieder bei Vorschlag Nummer eins. Das Kind hat aber immer noch keine Hose an.

Keine Wahl zu lassen, bedeutet nicht, über das Kind zu bestimmen und es wie beim Militär herumzukommandieren. Mit klaren Anweisungen, Einbeziehen und Loben erreichen Sie auch auf sanfte Weise Ihr Ziel. »So, jetzt ziehen wir dir die Strümpfe an. Du darfst sie hochziehen. Gut gemacht. Jetzt schlüpf mal für Mami in die Schuhe.«

NICHT VERHANDELN

Verhandeln ist genauso verkehrt wie eine Auswahl anbieten. Ihr Kleinkind will nicht essen?

* Sie versprechen ihm einen Schokoladenkeks, wenn es noch FÜNF Löffel isst.

* Es isst einen Löffel und wünscht seinen Keks.

* Es scheint zu funktionieren, aber Sie haben nicht den ganzen Tag Zeit. Also versprechen Sie den Keks, wenn das Kind noch DREI Löffel schafft.

* Es will seinen Keks jetzt gleich.

* Sie ahnen zwar, was kommt, wollen aber nicht nachgeben. Sie versprechen, dass es den Keks auch haben kann, wenn es nur noch ZWEI Löffel isst. Sie nehmen den Löffel und wollen das Kind füttern. Es schlägt den Löffel weg und verlangt jetzt energisch nach seinem Keks.

* Sie sagen, es kann den Keks haben, wenn es nur noch EINEN Löffel nimmt.

* Das Kind kreischt vor Wut.

* Es bekommt seinen Keks.

* Ihr Kind hat gewonnen. Es hat noch genau einen Löffel gegessen, keine fünf, aber es hat seinen Schokoladenkeks bekommen. Jetzt will es noch einen Keks.

Aus solchen Verhandlungen gehen kleine Kinder immer als Sieger hervor, weil sie gar nicht begreifen, was ein Kompromiss oder ein Versprechen bedeutet. Die Belohnung, die Sie ihnen versprechen, ist einfach so verführerisch, dass sie alles tun würden, um sie schnellstmöglich zu bekommen. Was Sie für eine Absprache halten, ist für das Kind eine Regel, die sich öfter mal ändert – also offenbar eine Regel, die keine echte Regel ist und nicht befolgt zu werden braucht.

SO KOMMEN IHRE WORTE RICHTIG AN:

* Nicht herumschreien. Bei Fehlverhalten die Stimme der Autorität einsetzen.

* Loben Sie das Kind für erwünschtes Verhalten.

* Sagen Sie dem Kind nicht immer, was es nicht tun soll, sondern drücken Sie es positiv aus. Anstatt: »Wisch deine dreckigen Hände nicht am Sofa ab!«, sagen Sie besser: »Komm, wir waschen dir die Hände. Sie sind schmutzig. Dann kannst du dich aufs Sofa setzen, und ich lese dir etwas vor.«

* Keine abrupten Wendungen, keine knappen Befehle. Das erzeugt sofortigen Widerstand.

* Das Kind nie mit Worten verletzen oder abstempeln. Machen Sie deutlich, dass es das schlechte Benehmen ist, das Sie nicht mögen – nicht das Kind.

* Höflich bleiben.

* Wenn das Kind Sie anschreit, nicht zurückschreien. Sagen Sie dem Kind mit der Stimme der Autorität, dass es nicht so mit Ihnen sprechen soll.

* Ziehen Sie keine negativen Vergleiche zu seinen Geschwistern und reden Sie *niemals* in Hörweite des Kindes von ihm in der dritten Person. Vielleicht sieht es so aus, als würde es nicht zuhören, aber es bekommt jedes Wort mit.

* Kleinen Kindern keine großen Auswahlmöglichkeiten anbieten.

* Nicht während eines Wutanfalls verhandeln.

* Das Kind muss Ihre Körpersprache verstehen. Sprechen Sie ruhig in einer spielerischen Art mit ihm.

Vermeidungsstrategien

Um kindliches Verhalten zu lenken, kommt es oft darauf an, Konflikt-
felder geschickt zu umschiffen. Wenn Sie ein Problem kommen sehen
und abbiegen können, ersparen Sie sich unnötige und erschöpfende
Auseinandersetzungen.

★ Die häusliche Umgebung sollte sicher sein – für das Kind und vor dem Kind. Der Versuch, kostbare Gegenstände vor Kleinkinderhänden zu bewahren, ist Zeit- und Energieverschwendung. Besser ist es, die Dinge einfach aus dem Blickfeld verschwinden zu lassen. Mehr dazu auf Seite 42 im Abschnitt »Sicherer Spielraum«.

★ Finden Sie heraus, welche Tageszeiten am schwierigsten sind. Vielleicht ändert sich etwas, wenn der Tagesablauf verändert wird. Eine Mahlzeit eine halbe Stunde vorzuverlegen, ist weitaus besser, als jeden Tag eine halbe Stunde Gejammer zu ertragen, weil der Blutzuckerspiegel des Kindes im Keller ist.

★ Was nervt das Kind am meisten? Wenn es jedes Mal beim Baden einen Koller kriegt, sobald Sie versuchen, ihm die Haare zu waschen, sollten Sie das Shampoo zu einer anderen Zeit zücken. Dann ist das Haarewaschen vielleicht immer noch problematisch, aber dafür wird bei dieser Prozedur nicht jedes Mal das Einschlafen beeinträchtigt.

★ Erwarten Sie nach ausgelassenem Spiel nicht, dass ein Kind sofort wieder auf den Teppich kommt. Nach einem aufregenden Ausflug kann es sich drinnen vielleicht nicht gleich beruhigen.

★ Hetzen Sie mit dem Kind nicht von einer Aktivität zur nächsten. Es braucht regelmäßige Vorankündigungen, was als Nächstes geschieht, damit es sich darauf einstellen kann.

★ Wenn ein bestimmtes Spielzeug oder Spiel immer zu Streit führt, können Sie es eine Weile beiseite legen. Es sollte nicht Tag für Tag zum Zankapfel werden.

★ Erwarten Sie keine Perfektion und stellen Sie keine übertrieben hohen Ansprüche an das kindliche Benehmen. Ihnen muss jederzeit klar sein, was Sie gerade erwarten dürfen.

★ Wenn sich ein Konflikt anbahnt, kann man es mit Ablenkung versuchen. Vielleicht geschieht draußen gerade etwas Interessantes: »Siehst du den kleinen Vogel da drüben? Was glaubst du, was der gerade macht?« Sie können das Kind auch einladen, Ihnen bei einer anstehenden Arbeit zu helfen. Nutzen Sie die kurze Aufmerksamkeitsspanne des Kleinkinds, um eine Eskalation zu vermeiden.

Sich helfen lassen

Kleine Kinder brauchen unsere Aufmerksamkeit. Wenn sie die nicht bekommen, drehen sie auf. Das Kind aktiv am Erwachsenenleben teilhaben zu lassen, zählt zu meinen Lieblingsstrategien. Gerade bei Eifersucht kann das eine hervorragende Methode sein. Und selbst der berüchtigte Tobsuchtsanfall im Supermarkt (siehe Seite 170) lässt sich dadurch abwenden.

Von einem Kleinkind kann man nicht erwarten, dass es stundenlang zufrieden spielt, während man die Wäsche sortiert, den Abwasch
erledigt oder den kleinen Bruder füttert. Das mag schon mal klappen,
wenn das Kind gerade in eine Sache versunken ist. Aber es funktioniert garantiert nicht immer, vor allem wenn dem Kind die Aufmerksamkeit für ein jüngeres Geschwisterchen ohnehin schon ein Dorn
im Auge ist.

Beziehen Sie daher das Kind in Ihre momentane Tätigkeit mit ein.
Für Kleinkinder sind Aktivitäten wie Saubermachen, Sachen sortieren, etwas holen oder irgendwohin tragen weniger langweilig als mitunter für ihre älteren Geschwister. Kleine Kinder helfen gern. Sie
fühlen sich dadurch verantwortlich und gewinnen an Selbstvertrauen.

Natürlich müssen Sie dem Kind eine Aufgabe übertragen, die
seinen Fähigkeiten entspricht – sowohl um die lange Liste seiner
Enttäuschungen nicht zu vermehren, als auch um kein vermeidbares
Fiasko zu provozieren. Geht einmal etwas schief, dürfen Sie es auf
keinen Fall ausschimpfen. Wenn Sie zum Beispiel einen Bettbezug
wechseln, kann es einen Zipfel festhalten. Beim Autowaschen kann es
einen Regenmantel anziehen und Schwamm und Eimer in die Hand
bekommen. Beim Gemüseputzen kann es neben Ihnen auf einem
Stuhl stehen und die Kartoffeln waschen. Auch Haushaltsspielzeug
ist eine gute Idee. Kinder lieben kleine Staubtücher und Bürsten.

MITHELFEN LINDERT EIFERSUCHT

Besonders bei der Pflege jüngerer Geschwister kann man Eifersucht
im Keim ersticken, indem man das ältere Kind mit Hand anlegen
lässt. Beim Baden kann es ein Spielzeug oder einen Waschlappen
holen. Es kann auch beim Füttern helfen. Auf diese Weise teilen Sie
Ihre Aufmerksamkeit zwischen beiden Kindern auf und schlagen
sprichwörtlich zwei Fliegen mit einer Klappe.

Wer sich helfen lässt, sollte mit dem Kind darüber reden, was man
gerade tut, und zeigen, dass man die Hilfe wahrnimmt. Ein wichtiger
Faktor ist das Lob. Bedanken Sie sich bei Ihrem Kind für seine Be-
mühungen. Es muss hören, dass es seine Sache gut macht und Ihnen
damit sehr geholfen hat.

Wenn Strenge angesagt ist

Hat das Kind etwas wirklich Inakzeptables getan (und es steht außer Zweifel, dass es Absicht war!) oder hat es sich ein unartiges Benehmen angewöhnt, müssen Sie mit Strenge dafür sorgen, dass die Regeln eingehalten werden. Die nachfolgenden Empfehlungen sind bei Kindern ab zweieinhalb ratsam. Wenn Ihr Kind seinem Alter nicht deutlich voraus ist, ist dies der früheste Zeitpunkt, zu dem man Erfolge mit diesen Maßnahmen erwarten kann. Vorher begreift ein Kind noch gar nicht, was man ihm beibringen will.

Hauptgrund für unliebsames Verhalten bei Kindern zwischen zwei und fünf ist der Wunsch nach Aufmerksamkeit. Das Kind will eine Reaktion erzwingen. Grund Nummer zwei ist Eifersucht, die letztlich auf dasselbe abzielt. Kleine Kinder schrecken vor nahezu nichts zurück, um ins Rampenlicht zu rücken. Nach der Ankunft eines jüngeren Geschwisterchens gibt es schließlich auf einmal einen ernst zu nehmenden Konkurrenten um Ihre Aufmerksamkeit.

Das sind die beiden wichtigsten Punkte bei jeder Form von Disziplinierung:

Konsequent bleiben, nicht die Regeln verändern. Beide Eltern müssen an einem Strang ziehen und einander den Rücken stärken. Ein Kind, das vom Vater zurechtgewiesen wird, geht vielleicht zur Mutter, um zu testen, ob sich daraus nicht Kapital schlagen lässt.

Sofort handeln, schieben Sie Ihre Reaktion nicht auf die lange Bank. Kleinkinder erinnern sich nicht lange an einen Vorfall. Wenn der zeitliche Abstand zwischen ihrem Fehlverhalten und der Folge davon zu groß ist, bringen sie beides nicht mehr miteinander in Verbindung.

DER FALSCHE ZEITPUNKT
FÜR STRENGE:

Wenn ein Kind krank ist. Wird ein kleiner Wirbelwind plötzlich handzahm, kündigt sich damit bei manchen Kindern eine Krankheit an. Andere wiederum sind kaum erträglich, wenn sie krank sind oder Zähne bekommen. Ein krankes Kind braucht die richtige Behandlung und reichlich Ablenkung.

Wenn eher unklar ist, wer wem was getan hat. Die meisten kleinen Kinder sind leicht zu durchschauen. Dann merkt man schnell, wer bei einem Streit hinter Ihrem Rücken der Übeltäter war. Wird ein Kind aber wiederholt für Dinge bestraft, die es gar nicht getan hat, hat es jedes Recht, sich ungerecht behandelt zu fühlen. Es wird dann bald anfangen zu lügen.

Wenn das Kind über sein schlechtes Benehmen selbst erschrocken ist und ehrliche Reue zeigt. Vielleicht hat es die Vase zerbrochen, von der es genau weiß, dass es sie nicht anrühren darf, und bricht vor Schreck in Tränen aus. Damit hat es auf die harte Tour gelernt und wird so etwas sicher nicht wieder tun. (Zugleich haben auch Sie auf die harte Tour dazugelernt, denn Sie haben die Vase nicht weggestellt.) Nehmen Sie das Malheur hin und sprechen Sie mit dem Kind über den Vorfall. Erinnern Sie es an die Regeln und belassen Sie es dabei. Wenn ein Kind, dem sein Verhalten schon Leid tut, zusätzlich noch bestraft wird, ist dies die falsche Botschaft.

Bei einer plötzlichen Veränderung im Leben. Wenn ein Umzug, ein neues Baby, eine Krankheit in der Familie oder etwas anderes das Leben des Kindes auf den Kopf stellt, ist Fehlverhalten normal. Machen Sie sich erst wieder Gedanken über Disziplin, wenn sich die Situation entspannt hat. Eine lange Leine ist angesichts solcher Umwälzungen hilfreich für das Kind.

Wenn es bereits bestraft wurde. Nicht zweimal für denselben Fehltritt bestrafen. Wurde das Kind bereits vom Partner oder der Nanny zurechtgewiesen, ist die Sache erledigt.

Der »Stille Stuhl«

Diese Methode dient dazu, das Kind einige Minuten aus der Schusslinie zu nehmen. Es soll wieder zu sich finden, über sein Verhalten nachdenken und sich anschließend entschuldigen. Das Kind lernt auf diese Weise, dass bestimmte Formen untragbaren Benehmens diese Konsequenz nach sich ziehen. So erkennt es nicht nur ganz deutlich, dass es eine Grenze überschritten und eine wichtige Regel gebrochen hat, sondern der Situation wird auch die Spitze genommen. Auch Sie müssen jetzt einmal tief durchatmen.

Der Stille Stuhl kann ein bestimmter Stuhl sein oder eine Zimmerecke, ein Zimmer oder eine Treppe. Ich favorisiere eine Treppenstufe, weil das Kind dort etwas abseits ist, aber nicht ganz außerhalb unserer Reichweite. Schickt man das Kind stattdessen in einen anderen Raum, dann sollte dieser auf keinen Fall Ablenkung bieten. Also nicht ins Spielzimmer oder gar vor den Fernseher schicken! Auch das Zimmer, in dem ein Kind schläft, ist keine gute Idee. Dort soll das Kind sich ja sicher und geborgen fühlen, darum eignet sich dieser Raum nicht als Ort der Verbannung.

EINE NOTWENDIGE AUSZEIT

Der Stille Stuhl ist dasselbe, was im Erziehungsjargon mitunter als »Auszeit« bezeichnet wird. Ich persönlich glaube nicht, dass es einem Kind schadet, wenn es weiß, dass es bei ungezogenem Verhalten auf den »Stillen Stuhl« kommt. Sie können dieser Strategie aber natürlich auch einen anderen Namen geben.

Es geht dabei um eine Auszeit für Sie beide: Die eifersüchtige Vierjährige hat die kleine Schwester geschubst und ein Spielzeug nach ihr geworfen. Das Schwesterchen ist hingefallen und fängt an zu weinen. Nicht schon wieder, denken Sie. Sie sind wütend, vielleicht auch erschrocken. Halt! Erst schauen Sie, ob der Kleinen etwas passiert ist. Dann widerstehen Sie dem adrenalingesteuerten Impuls, Ihre »Große« anzubrüllen. Und danach setzen Sie das Kind auf den Stuhl oder auf die Treppe oder den entsprechenden Platz für die Auszeit.

ZEIT, UM ES WIEDER GUTZUMACHEN

Mit dem Stillen Stuhl kann man ungezogenem Benehmen schnell ein Ende setzen. Denken Sie aber daran, dass Sie und Ihr Partner dabei stets an einem Strang ziehen sollten. Lassen Sie auch kein Stadium aus. Die Vorwarnungen und die Erklärungen sind äußerst wichtig. Wenn Sie in der Hitze des Gefechts zu Punkt C übergehen und dabei A und B überspringen, funktioniert die Strategie nicht.

DIE VORWARNUNG. Gehen Sie zu Ihrer Tochter hin, begeben Sie sich auf Augenhöhe und suchen Sie Blickkontakt. Warnen Sie sie mit der Stimme der Autorität: »So was macht man nicht. Man schlägt keine Menschen und wirft auch keine Sachen nach ihnen. So darfst du dich nicht benehmen. Mach das bitte nicht wieder.« Der Warnung kommt eine Schlüsselrolle zu. Das Kind hat so die Chance, sein Verhalten selbsttätig zu verändern. Wenn Sie auf die Warnung verzichten, bleibt ihm kein Ausweg.

DAS ULTIMATUM. Fünf Minuten später macht Ihre Tochter dasselbe noch einmal. Diesmal sprechen Sie mit derselben ruhigen, festen Stimme und eindeutigen Körpersprache ein Ultimatum aus: »Ich habe dir gesagt, du sollst deine Schwester nicht schubsen und nichts nach ihr werfen. Das war sehr ungezogen. Man schubst den anderen nicht. Wenn das noch einmal passiert, musst du auf den Stillen Stuhl.«

DER STILLE STUHL. Bei erneuter Wiederholung bringen Sie das Kind direkt auf den Stillen Stuhl. Dort soll es sich hinsetzen und sitzen bleiben. Die Dauer der Auszeit richtet sich nach seinem Alter. Für ein Kind von zweieinhalb Jahren reichen wenige Minuten. Ab vier Jahren sind fünf Minuten ungefähr angemessen.

DIE ERKLÄRUNG. Sie ist ebenso elementar wie die Vorwarnung. Ehe Sie das Kind allein lassen, erklären Sie ihm, warum es dort sitzen soll: »Man schubst nicht und bewirft andere nicht mit Sachen. Das ist kein gutes Benehmen. Dadurch kann man jemanden verletzen. Du bleibst jetzt fünf Minuten hier sitzen und denkst darüber nach, was du getan hast. Nach fünf Minuten hole ich dich hier ab. Dann möchte ich, dass du dich entschuldigst. Und nun bleib hier.«

DIE ENTSCHULDIGUNG. Wenn das Kind kurz darauf vom Stuhl springt, bringen Sie es wieder zurück und wiederholen die Erklärung. Lassen Sie es jedoch nicht länger als fünf Minuten auf dem Stuhl. Nach dieser Zeitspanne erklären Sie ihm, dass Sie eine Entschuldigung wünschen. Taucht das Kind jedoch vorher auf und zeigt echte Reue, darf es bleiben. Es muss sagen, wofür es sich entschuldigt. »Entschuldigung« ist ein Schritt in die richtige Richtung. »Entschuldigung, dass ich meine Schwester geschubst habe«, ist deutlich besser. Ich werde oft gefragt, woran ich erkenne, ob eine Entschuldigung ernst gemeint ist oder nicht. Meiner Ansicht nach kommt es nicht auf die Worte an, sondern auf die Art und Weise. Ein laut herausgebrülltes »ENTSCHULDIGUNG!« wirkt nicht gerade ehrlich.

LOB. Wenn das Kind sich entschuldigt, wird es gelobt. Das ist wichtig. Es muss spüren, dass man ihm sein Fehlverhalten verziehen hat. »Danke. So ist es viel besser.« Schlagen Sie wieder Ihre normale Stimme an. Das Kind hört den Unterschied am helleren Klang.

SCHWAMM DRÜBER. Nachdem das Kind sich entschuldigt hat und gelobt wurde, ist die Sache erledigt. Es darf wieder mitspielen oder weitermachen, was es vorher getan hat. Es hat die Folgen seines Verhaltens gespürt, jetzt braucht es wieder eine Chance für einen Neuanfang.

Schluss mit lustig!

Der Stille Stuhl wirkt meist Wunder. Manchmal jedoch, besonders wenn das Kind schon älter ist oder das schlechte Benehmen sich eingeschliffen hat, muss man anders durchgreifen.

Falls der Stille Stuhl nicht reicht, genießt das Kind möglicherweise immer noch die Aufmerksamkeit, die es auf sich zieht, selbst wenn es negative Aufmerksamkeit ist. Bei »Schluss mit lustig« reagiert man auf das Fehlverhalten durch konsequente Nichtbeachtung.

Wichtig ist, dass Sie nicht übergangslos zu diesem Mittel greifen. Dann wirkt es nicht. Zuerst zeigen Sie durch Einsatz des Stillen Stuhls, dass Sie das Kommando führen. Wenn Sie direkt zu »Schluss mit lustig« übergehen, fühlt das Kind sich sonst ignoriert und wird mit dem unerwünschten Verhalten fortfahren, um Ihre Aufmerksamkeit zu erregen.

DAS LETZTE ASS

In meiner Serie *Supernanny* im britischen Fernsehen bekam Kelly, eine allein erziehende Mutter, ihre Kinder Sophie und Michael einfach nicht in den Griff. Beide zeigten keinerlei Respekt vor irgendwem oder irgendwas, ständig flogen die Fetzen, und es ging eine Menge dabei kaputt. Nachdem wir eine »Stille Ecke« eingeführt hatten und Spielzeug einkassiert wurde (siehe Seite 86), verbesserte sich Michaels Benehmen prompt. Die fünfjährige Sophie hingegen war weiterhin sehr aufmüpfig. Sie schrie herum, trat Michael und ließ ihn nicht in Ruhe. Mit ihrer Aggressivität hinderte sie Kelly daran, sich dem kleinen Bruder bewusst zuzuwenden. Wir hatten intensiv daran gearbeitet, dass Kelly ihre Stimme in den Griff bekam, doch Sophies Gekreische brachte sie jedes Mal wieder aus dem Konzept. Den Ausschlag gab schließlich die Methode »Schluss mit lustig«.

★ Bei dieser Methode gibt es keine Verwarnung mehr. Wenn das Kind sich schlecht benimmt, wird es aus dem Zimmer gebracht. Es muss nicht an einen bestimmten Ort, sondern soll einfach nur woanders sein als Sie. Teilen Sie ihm mit, dass sein Verhalten unannehmbar ist. Es kann zurückkommen, wenn es sich anständig verhält und sich entschuldigt.

★ Wenn es zurückkehrt, weil es provozieren will – und das wird es! –, bringen Sie es wieder hinaus und sagen: »Das interessiert mich nicht.« Mehr Aufmerksamkeit erhält es nicht, auch keinen Augenkontakt.

★ Beherrschen Sie Ihre Stimme. Sagen Sie mit leiser Autorität: »Bitte geh jetzt aus dem Zimmer!«, damit Sie es nicht jedes Mal direkt hinausbringen müssen.

★ Dieses Verhalten behalten Sie bei, bis das Kind sich entschuldigt. Dazu kommt es eher, als Sie glauben! Für ein Kind, das gewöhnt ist, durch schlechtes Benehmen sein Ziel zu erreichen, ist konsequente Nichtbeachtung zutiefst schockierend. Es hat alle Register gezogen, und Sie haben anders reagiert als sonst. Kein Wunder, dass es die Welt nicht mehr versteht.

★ Sobald es sich entschuldigt hat, wird es gelobt. Jetzt darf es wieder dabei sein und mitspielen.

SPIELZEUG EINKASSIEREN

Spielzeug einzukassieren ist eine Methode, die eher bei älteren Kindern infrage kommt. Kleinkinder begreifen den dazugehörigen Handel noch nicht. Ich halte die Methode für sehr nützlich, wenn das Spielzeug wirklich Teil des Problems ist – wenn Kinder dauernd etwas kaputtmachen, nicht auf ihre Sachen achten oder ständig darum streiten.

Untergraben Sie diese Methode nicht, indem Sie anschließend für gutes Benehmen ein neues Spielzeug aus dem Hut ziehen. Daraus schließt das Kind sofort, dass Sie einkassieren können, was Sie wollen – es bekommt ja immer etwas Neues.

BELOHNUNGEN

Positive Zuwendung und Lob sind die wirksamsten Belohnungen. Sie können sofort stattfinden und gutes Benehmen augenblicklich bestärken.

Bei einem älteren Kind können Sie auch eine Sternchenkarte oder Aufkleber als Belobigung einführen. Gewöhnlich reicht dieser Anreiz bereits aus, um Fortschritte zu festigen. Wenn Sie möchten, können Sie auch eine Belohnung spendieren, sobald sich eine Anzahl Sternchen angesammelt hat – nicht zwanzig, sondern fünf! Solche Belohnungen sollten ruhig unangekündigt kommen – wobei diese Überraschung leider nur einmal funktioniert. Wenn Sie die Aufkleber später erneut einsetzen, wird das Kind dieselbe Belohnung erwarten. Seien Sie also vorsichtig mit der Wahl der »Prämie«, um keine Probleme heraufzubeschwören. Kleinigkeiten reichen völlig aus.

Auf keinen Fall sollte ein Kind für gutes Benehmen mit Geschenken überschüttet werden. Erhält es jedes Mal etwas dafür, dass es sich einwandfrei benimmt, wird es rasch registrieren, auf welche Weise es an Ihre Brieftasche kommt. Es nutzt nur seine Chancen. Heute ist es ein Aufkleber, damit es mittags aufisst. Morgen muss es schon Lego sein.

EIN KLAPS?

Ist Ihnen aufgefallen, dass von einem Klaps in diesem gesamten Kapitel nicht die Rede war? Ich bin eine Nanny – ein Klaps gehört zu Recht nicht zum Repertoire einer Nanny. Ob Sie es für richtig halten, hin und wieder einen Klaps zu geben, oder ihn für völlig unangemessen halten, steht hier nicht zur Debatte.

Die leidige Diskussion um dieses Thema hat dazu geführt, dass manche Menschen jede Form der Disziplinierung rundweg ablehnen, und das finde ich schade. Kinder brauchen Disziplin und Grenzen. In diesem Kapitel habe ich Ihnen gezeigt, dass es viele wirksame Möglichkeiten gibt, diese Grenzen einzufordern und gleichzeitig sich selbst im Griff zu haben.

Anziehen

Mit Auseinandersetzungen um die richtige Kleidung rechnen Eltern eigentlich erst bei älteren Kindern. *Die* Jeans! *Der* Minirock! *Das* Top! Dabei kann das schon viel früher losgehen. Ich habe Familien erlebt, in denen das Anziehen eines Kleinkinds den halben Tag in Anspruch nahm. Wie bei vielen anderen Konfliktfeldern bei der Erziehung geht es oft gar nicht um die Sache an sich.

Manchmal beharrt das Kind einfach auf seiner Unabhängigkeit. Es will sich selber anziehen und es will selbst entscheiden, was es anzieht. Wenn der Streit ums Anziehen jedoch nur ein Punkt auf einer langen Liste von Konflikten ist und das Kind grundsätzlich nicht das macht, was es soll, steckt ein Machtkampf dahinter.

Oft bieten Eltern dem Kind beim Anziehen zu viel Auswahl an. Die Dreijährige will ihre Hose nicht anziehen. Vielleicht möchte sie lieber ein Kleid? Nein. Nun, dann vielleicht nicht gerade dieses Kleid. Also holen wir ein anderes aus dem Schrank. Um schließlich doch wieder auf die Hosen zurückzukommen.

Wenn man als Reaktion auf die Weigerung, sich anzuziehen, eine riesige Auswahl anbietet, heißt das für das Kind, dass wir nachgegeben haben und es die Schlacht gewonnen hat. Es ging ihm gar nicht um diese Hose oder jenen Rock. Es wollte nur seinen Kopf durchsetzen. In einer Situation, die sich auf diese Weise hochgeschaukelt hat, behandeln viele Eltern ihr Kind, als ob es noch ein Baby wäre, das nicht einmal einen Arm in den Ärmel stecken kann. Doch wer ein Kind gegen seinen Willen anzukleiden versucht, stößt bald an seine körperlichen Grenzen. Es tritt und zappelt, windet sich oder läuft davon. Zu guter Letzt folgt dann ein ausgewachsener Wutanfall – dabei wollten wir ihm doch nur die Schuhe anziehen!

Zu allem Überdruss muss es beim Anziehen oft schnell gehen. Die Sache soll ruckzuck erledigt sein, weil man fortgehen wollte, ältere Kinder von der Schule abholen muss oder die Schlafenszeit naht. Wir schielen mit einem Auge zur Uhr und werden zu Antreibern. Doch ein Kind, das sich gehetzt fühlt, zieht sofort die Notbremse. Und schon dauert das, was flott gehen sollte, den halben Tag.

Mit ein wenig Geschick lässt sich dieses Problem rasch lösen. Zunächst einmal müssen Sie eine klare Vorstellung haben, was das Kind tragen soll, und die Auswahl entsprechend einschränken. Zweitens soll das Kind beim Anziehen mitmachen dürfen und dabei lernen, es allein zu tun. Und schließlich muss man bei wiederholten Auseinandersetzungen durchgreifen.

Was ziehen wir heute an?

Das sollten Sie ein kleines Kind niemals fragen! Wer dem Kind die Auswahl überlässt, demonstriert Unsicherheit. Jemand muss aber das Kommando übernehmen. Wenn Sie es nicht tun, springt Ihr Kind »hilfsbereit« in die Bresche.

Ein älteres Kind mag bereits eine klarere Vorstellung davon haben, was es gern tragen würde, ist aber immer noch nicht in der Lage, eine gute Wahl zu treffen. Wundern Sie sich also nicht, wenn Ihre Tochter für den Winterspaziergang zum Spaghettiträgertop greift. Natürlich erhält ein älteres Kind Mitspracherecht. Es reicht jedoch völlig aus, es zwischen zwei oder drei Sachen wählen zu lassen, die zum Anlass und zum Wetter passen. Am besten werden die Sommersachen im Winter weggeräumt und umgekehrt, genau wie im eigenen Kleiderschrank. Das schränkt die Wahlmöglichkeiten von vornherein ein.

UNGELIEBTE KLEIDUNG

Wenn ein Kind sich wiederholt weigert, ein bestimmtes Kleidungs-stück zu tragen, weil es sich darin nicht wohl fühlt, sollten wir hell-hörig werden. Manche Kinder mögen keine Wolle auf der Haut, weil sie »kratzt«. Zwingen Sie das Kind dann nicht, einen ungeliebten Pullover anzuziehen, nur weil die Tante ihn so geduldig gestrickt hat.

Ein Teil des Dramas ums Anziehen lässt sich vermeiden, indem man die Kleider für den nächsten Tag schon am Vorabend bereitlegt. Das mindert auch den Zeitdruck. Wählen Sie etwas aus und erklären Sie dem Kind, dass es diese Jeans und dieses T-Shirt morgen tragen soll, wenn Sie seinen Spielkameraden besuchen gehen. Damit ist das Anziehen kein Streitpunkt mehr, sondern Teil einer Unternehmung, auf die das Kind sich freut.

So geht es auch allein

Anziehen lassen ist lästig. Erst werden die Arme in die Ärmel gestopft, dann die Beine in die Strumpfhosen gezwängt, und ehe man sich's versieht, wird einem etwas Kratziges über den Kopf gezogen, und plötzlich sieht man nichts mehr und kriegt keine Luft.

Wenn Sie das Kind hastig ankleiden, gehen Sie automatisch weniger sanft vor. Auch die entsprechenden Ankündigungen unterbleiben vielleicht. Anstatt das Kind zu drängeln, sollte man es frühzeitig ermuntern, sich selbstständig anzuziehen. Der erste Schritt sind Erklärungen, was man gerade tut und was als Nächstes folgt. So fühlt sich das Kind an der Sache beteiligt und weniger gehetzt.

»Jetzt ziehen wir das Oberteil an. Steckst du mal bitte deinen Arm in den Ärmel? Gut gemacht. Jetzt den anderen Arm.« Jede Aktion wird von viel Lob begleitet.

DAMIT ES LEICHTER GEHT

Der zweite Schritt ist, dem Kind die aktive Teilnahme zu erleichtern, indem Sie zum Beispiel Kleidung ohne komplizierte Verschlüsse kaufen. Seine Schuhe kann es noch nicht selber binden. Auch Knöpfe bereiten noch Schwierigkeiten. Aber es kann einen Reißverschluss hochziehen oder an einem Riemen ziehen. Schuhe mit Klettverschluss sind für kleine Kinder praktischer als solche mit Schnürbändern oder Schnallen.

Auch beim Spielen lernt ein Kind das Anziehen, besonders beim Ankleiden seiner Puppen. Daneben gibt es Lernspielzeug, mit dem Kinder elementare Fähigkeiten wie Knöpfe schließen oder Schuhe binden üben können.

Das Ganze klappt aber dennoch nicht immer, und eine Enttäuschung kann im Nu in einen Wutanfall umschlagen. Schimpfen Sie nicht, wenn etwas schief geht. Unfair dem Kind gegenüber ist auch, wenn man eines Tages übergangslos beschließt, es könnte sich jetzt eigentlich selbst anziehen, ihm das Feld überlässt und sich nur noch einmischt, wenn es einen Fehler macht. Zeigen Sie dem Kind, wie es geht, und helfen Sie ihm dabei. Wenn Sie ihm den ersten Schuh angezogen haben, fordern Sie es auf, den zweiten allein anzuziehen: »Schieb den Riemen durch die Lasche – genau! Und jetzt noch ein Stückchen ziehen.«

DAS PROBLEM:
NICHT RAUS UND NICHT REIN IN DIE KLEIDUNG

Kleine Kinder zögern das Ausziehen gern hinaus, um noch nicht ins Bett zu müssen. Hier geht es also offensichtlich um ein ganz anderes Thema als um die »richtige« Kleidung. Andere lassen sich eine Ewigkeit Zeit, bis sie endlich aus den einzelnen Kleidungsstücken draußen und im Schlafanzug drin sind. Zwar laufen viele Kleinkinder mit Vorliebe splitternackt herum, doch sie genießen eben auch ihre neue Kunst – und etwas auseinander zu nehmen (oder sich auszuziehen) geht dem Zusammenbauen (oder sich anziehen) stets voraus.

Kinder, die beim Umziehen regelmäßig Tobsuchtsanfälle bekommen, muss man in die Schranken weisen. Vielleicht halten Sie dieses Thema für weniger wichtig, aber wenn Sie hier nicht beizeiten eingreifen, kann der Kampf leicht ausarten.

DIE LÖSUNG:
UMGEHEN ODER STILLER STUHL

Planen Sie von vornherein reichlich Zeit zum Anziehen ein. Ein Erwachsener kleidet sich im Nu an und denkt kaum über die einzelnen Handgriffe nach. Beim Kind geht alles langsamer.

Die Kleidung am Vorabend bereitlegen und einem kleinen Kind nicht viel zur Auswahl anbieten. Zwei Alternativen sind genug.

Ein Dreijähriger kann auch schon zwischen drei Möglichkeiten wählen, die zum Wetter und zur Gelegenheit passen.

Das Kind darf am Anziehen teilhaben, indem es das allein macht, was es schon kann.

Geben Sie dem Kind positive Bestärkung und loben Sie es. Anziehen soll Spaß machen und darf auch mal mit Unsinn verbunden sein.

Wenn Trotz, aggressives Verhalten und anderes schlechtes Benehmen das tägliche Anziehen zum Horror machen, kann der Stille Stuhl zum Einsatz kommen (siehe Seite 80). Denken Sie an das Ankündigen und Erklären!

DAS PROBLEM:
MAROTTEN

Nicht nur zu Fasching trifft man im Supermarkt reihenweise Prinzessinnen oder Actionhelden an. Auch ich war schon mit Spiderman unterwegs. Wenn das Kind sich meistens ohne Theater anzieht und sich dieses Thema nicht zum Machtkampf entwickelt, spricht nichts dagegen, zum Einkaufen eine Märchenfee mitzunehmen oder die Strumpfhose zu akzeptieren, deren Farbe sich so grauenvoll mit dem Rock beißt. Hier sollten Eltern beide Augen zudrücken. Nicht jedes Kind, das sich gern mal auffällig kleidet, ist farbenblind. Kinder bleiben Kinder, und Verkleiden macht nun mal einen Heidenspaß.

Nicht ganz so locker sollten Sie es nehmen, wenn das Kind sich auf eine bestimmte Farbe oder ein Kleidungsstück versteift und plötzlich nur noch Grün oder nur noch den Dinopullover tragen will. Wenn Sie hierbei immer nachgeben, kann diese Phase Monate dauern.

DIE LÖSUNG:
VERMEIDEN

★ Geben Sie Acht, ob Ihr Kind beim Anziehen Marotten entwickelt. Es ist viel einfacher, frühzeitig zu reagieren, als dem Kind einen Spleen erst nach geraumer Zeit auszutreiben.

★ Weniger ist mehr. Bieten Sie dem Kind bei der Kleidung einfach keine Alternativen mehr an. Legen Sie die frischen Sachen am Vorabend zurecht und lassen Sie die Sachen verschwinden, von denen es sich nicht trennen kann. Sagen Sie einfach, sie sind in der Wäsche – das dürften sie ohnehin nötig haben.

★ Sparen Sie nicht mit Anerkennung, wenn das Kind sich anzieht, ohne Zirkus dabei zu machen. Eine Sternchenkarte kann den Grad Ihrer Zufriedenheit sichtbar machen.

So klappt es im Bad

Baden, Gesicht und Hände waschen, Zähne putzen, Haare waschen, Haare kämmen, Fingernägel und Zehennägel schneiden – auch das gehört zum An- und Ausziehen. Die meisten kleinen Kinder plantschen liebend gern am Waschbecken oder in der Badewanne herum.

Neben Hilfestellung und Aufsicht brauchen sie im Bad ständige Erinnerungen, um das ganze Programm zu schaffen. Ein Kleinkind lässt das Zähneputzen oder Händewaschen nicht mit Absicht aus. Es hat bloß vergessen, dass noch etwas fehlt.

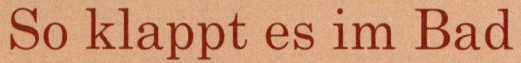

🦆 Kündigen Sie auch am Ende des Tages jede neue Aktion klar und wiederholt an, besonders wenn das Kind gerade mit etwas anderem beschäftigt ist, zum Beispiel über einem Puzzle sitzt. Kinder sträuben sich oft gegen das Waschen am Abend, weil der Übergang von einer Aktivität zur anderen gefehlt hat. Sind sie erst einmal in der Wanne, so amüsieren sie sich prächtig. Genauso sollte das Ende des Bades rechtzeitig angekündigt werden, damit keine Proteststürme folgen.

🦆 Nicht fragen, sondern sagen: »Bitte putz dir jetzt die Zähne« oder »Zähne putzen, bitte«. Wenn die Erinnerung in Form einer Frage erfolgt, verlockt sie immer zu einem »Nein« oder »Ich will nicht«.

🦆 Wenn das Kleinkind noch jüngere Geschwister hat, sollte es Ihnen bei deren Pflege helfen dürfen. Übertragen Sie ihm einfache Aufgaben, zum Beispiel Zahnpasta auf die Zahnbürste drücken. Immer loben!

🦆 Lassen Sie das Kind zuschauen, wenn Sie sich die Haare waschen oder die Zähne putzen. Kinder gucken sich von Erwachsenen und älteren Kindern mehr ab, als sie durch Zuhören lernen.

🦆 Eine erbsengroße Portion Zahnpasta ist ausreichend. Kleine Kinder dürfen ruhig selbst Zähne putzen, aber wir müssen nachputzen, damit auch die Backenzähne sauber sind.

🦆 Manche Kinder hassen Haare waschen. Vielleicht haben sie Angst vor dem Wasser oder dem Duschstrahl, oder es gelangt Wasser in ihre Nase, oder das Shampoo brennt in den Augen. Mit einem Waschlappen über den Augen fühlt das Kind sich oft sicherer. Es gibt auch Haarschirme, die verhindern, dass Wasser und Shampoo über das Gesicht laufen. Ich sage Kindern immer Bescheid, dass ich gleich alles ausspüle: »Eins, zwei, drei. Bei ›drei‹ kommt das Wasser.«

🦆 Immer eine Gummimatte in die Wanne legen, damit das Kind beim Baden nicht ausrutschen kann. Prüfen Sie vor dem Einsteigen die Temperatur, damit das Wasser nicht zu heiß ist. Ein Hocker erleichtert das Zähneputzen und Gesichtwaschen. Kinder lernen am besten, wenn sie sehen, was sie tun. Darum sollten sie in den Spiegel schauen können.

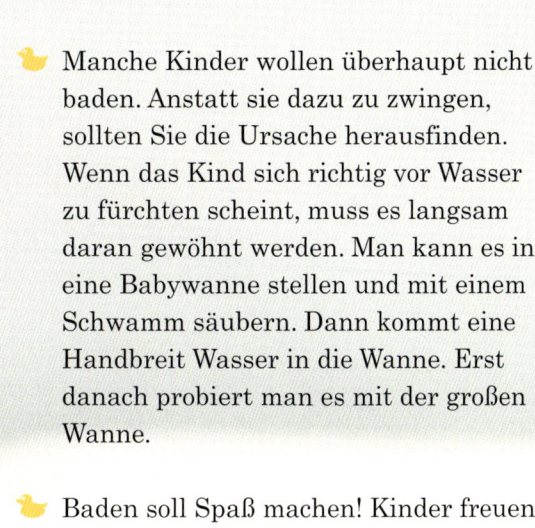

Manche Kinder wollen überhaupt nicht baden. Anstatt sie dazu zu zwingen, sollten Sie die Ursache herausfinden. Wenn das Kind sich richtig vor Wasser zu fürchten scheint, muss es langsam daran gewöhnt werden. Man kann es in eine Babywanne stellen und mit einem Schwamm säubern. Dann kommt eine Handbreit Wasser in die Wanne. Erst danach probiert man es mit der großen Wanne.

Baden soll Spaß machen! Kinder freuen sich über Spielzeug für die Wanne und Schaumblasen. Auch für Seifenblasen ist das Bad der richtige Ort. So-tun-als-ob-Spiele sind ebenfalls vergnüglich: »Sei doch noch mal ein kleiner Delfin.«

MEINE 10 GRUNDREGELN

SO WENDEN SIE MEINE ZEHN GOLDENEN REGELN AN, WENN ES UM DAS ANZIEHEN UND WASCHEN GEHT:

1. LOBEN UND BELOHNEN

Loben Sie das Kind für alles, was es richtig macht, auch wenn es nicht das erste Mal war. Mit einer Sternchenkarte kann es zu erwünschtem Verhalten angespornt werden oder Marotten leichter ablegen.

2. KONSEQUENT BLEIBEN

Beide Partner sollten denselben Tagesablauf einhalten und sich an die gleichen Regeln halten. Das gilt auch für die ersten Versuche des Kindes, sich allein anzuziehen und im Bad zu hantieren. Nehmen Sie dem Kind nicht alles ab – es will lernen.

3. TAGESABLAUF REGELN

Planen Sie insbesondere morgens ausreichend Zeit für das Anziehen ein. Erwarten Sie nicht, dass alles ruckzuck geht.

4. GRENZEN SETZEN

Bieten Sie einem kleinen Kind bei Anziehsachen keine größere Auswahl an. Machen Sie ihm klar, dass Sie beim Anziehen keinen Aufstand dulden. Gleichzeitig sollten Sie keine unrealistischen Erwartungen an seine Fähigkeiten oder sein Tempo stellen.

5. DISZIPLIN WAHREN

Die Regeln konsequent durchsetzen. Wenn ein Kind beim Anziehen aufsässig wird, schicken Sie es auf den »Stillen Stuhl«. Denken Sie aber an das Ankündigen und Erklären.

6. ANKÜNDIGEN

Sagen Sie dem Kind mehrmals zuvor, wann es Zeit wird, sich anzuziehen oder zu waschen oder wann es in die Badewanne steigen oder
wieder herauskommen soll. Aber keine abrupten Änderungen in der
Routine! Das Kind muss immer wissen, was als Nächstes ansteht.

7. ERKLÄREN

Zeigen und erklären Sie dem Kind, wie man sich anzieht, wäscht und
die Zähne putzt. Machen Sie ihm begreiflich, warum es wichtig ist,
sauber zu sein, und sagen Sie ihm, wofür die verschiedenen Pflege-
artikel da sind. Das Ganze darf ruhig Spaß machen!

8. SICH ZURÜCKHALTEN

Brüllen Sie die Kinder nicht an und kommandieren Sie sie nicht herum.
Sprechen Sie in einem ruhigen, aber bestimmenden Ton. Lassen Sie
sich nicht anmerken, dass Sie unter Zeitdruck stehen, und ziehen Sie
das Kind nicht mit Gewalt an.

9. VERANTWORTUNG
ÜBERTRAGEN

Ermutigen Sie das Kind, sich allein anzuziehen. Diese Aufgabe kann
man ihm durch Kleidung mit einfachen Verschlüssen und Gummizug
erleichtern. Lassen Sie das Kind mithelfen, wenn Sie mit seinen
Geschwistern beschäftigt sind.

10. ENTSPANNEN

Baden soll Spaß machen und ist Spielzeit. Es ist eine gute Gelegenheit, vor dem Schlafengehen noch ein wenig herumzualbern.
Dieser spielerische Umgang empfiehlt sich auch für das Umziehen.

Sauberkeits-
erziehung

Viele Eltern sind geradezu besessen davon, das Kind aus den Windeln zu bekommen. Ein Kind, das mit zwei Jahren trocken ist, macht seine Sache unglaublich gut. Aber das kann nicht das erklärte Ziel sein. Vor allem darf dieses Ziel für das Kind nicht mit Angst oder Tränen verbunden sein. Wenn ein Kind mit der Zeit lernt, seine eigenen Körperfunktionen zu entdecken und zu steuern, reift in ihm auch selbst der Wunsch heran, sauber zu werden. Es wäre also völlig verkehrt, in punkto Sauberkeitserziehung auf Forderungen und Zwang zu setzen.

Häufig fühlen sich Eltern auch von der Umwelt unter Druck gesetzt. »Ist Ihr Kind noch nicht sauber?« Was als interessierte Frage gemeint sein könnte, verstehen viele Eltern als versteckten Vorwurf oder gar Bankrotterklärung an ihren Erziehungsstil. Entkrampfen Sie dieses Thema! Ihnen selbst und dem Kind zuliebe. Bleiben Sie gelassen und zuversichtlich. Die meisten Kinder werden zwischen zweieinhalb und drei Jahren trocken. In diesem Alter geht es auch sehr viel schneller. Zum richtigen Zeitpunkt wird ein Kind durchaus auch innerhalb von ein bis zwei Wochen trocken. Fängt man hingegen zu früh an oder setzt immer mal wieder aus, weil es gerade schlecht passt, kann die Sauberkeitserziehung sich ewig hinziehen, mitunter über Monate.

Natürlich freuen sich die Eltern, wenn das Kind endlich trocken ist. Bedenken Sie jedoch, dass man sich im Zeitalter der Wegwerfwindeln nicht von Wäschebergen und stinkenden Einweicheimern mit Desinfektions- und Bleichmitteln verabschiedet. Wir streichen lediglich einen Artikel von unserer

Einkaufsliste und eine eher unangenehme Pflicht aus dem Tagesplan.

Man sollte mit dem Training zwar nicht zu früh beginnen, das Kind aber doch auf lockere Weise mit seinen Körperfunktionen vertraut machen. Viele Menschen reagieren in dieser Hinsicht doch noch sehr verklemmt. Toilettenwitze sind ein sicheres Zeichen, dass dieser schlichte Aspekt unseres Lebens – alles was reinkommt, muss irgendwann wieder raus – immer noch vielen peinlich ist.

Wann ist ein Kind so weit?

Von der körperlichen Entwicklung her kann ein Kind Blase und Darm frühestens ab dem Alter von achtzehn Monaten kontrollieren. Meist dauert es jedoch noch mindestens ein Jahr, ehe es erkennt, wann es auf die Toilette muss, und selbst reagieren kann.

Die Ausscheidungen eines Babys kommen reflexartig, gewöhnlich nach oder auch während einer Mahlzeit. Irgendwann nach dem zweiten Geburtstag bemerkt das Kind die Anzeichen schon vorher. Vielleicht sagt es kurz vor oder während seines Geschäfts Bescheid. Das allein reicht noch nicht, um die Unterhosen und das Töpfchen auszupacken, ist aber ein Zeichen, dass die Richtung stimmt.

Auch an den Windeln erkennt man, ob der richtige Zeitpunkt naht. Vergleichen Sie die Trinkmengen mit der Nässe der Windel nach dem Mittagsschlaf. Wenn die Windel längere Zeit trocken und sauber bleibt, ist die bewusste Kontrolle nicht mehr fern.

DEM KIND ZEIT LASSEN

Die meisten Kinder beherrschen erst den Darm und später die Blase, denn die Darmentleerung ist gewöhnlich weniger dringend und daher noch etwas aufzuhalten. Mitunter ist es jedoch auch andersherum. Erst ganz zum Schluss sind Kinder auch nachts trocken. Selbst wenn das Kind tagsüber trocken und sauber ist, sollten Sie nicht erwarten, dass es gleich ohne Windel auskommt.

Eine zu frühe Sauberkeitserziehung scheitert häufig auch an der fehlenden Kommunikation. Mit zwei Jahren können sich die meisten Kinder nur notdürftig verständlich machen. Man muss dem Kind jedoch erklären, was geschieht und auf welche Zeichen es achten soll. Das Kind wiederum muss in der Lage sein zu sagen, wann es muss. Eltern erkennen oft am Blick oder an der Haltung ihres Kindes, dass es gleich in die Windel macht. Für eine erfolgreiche Sauberkeitserziehung reicht das jedoch nicht aus.

Wenn das Kind zwar bereit zu sein scheint, aber ein einschneidendes Ereignis ansteht, etwa ein Umzug oder weiterer Familienzuwachs, sollten Sie die Sauberkeitserziehung verschieben, bis die Umwälzung abgeschlossen ist.

Trocken werden

Ein Kind, das trocken werden soll, sollte keinerlei Abscheu vor dem entwickeln, was schlichtweg zum Leben gehört. Verschwinden Sie daher nicht hinter der geschlossenen Tür, wenn Sie auf die Toilette gehen. Die Tür darf offen bleiben. Nehmen Sie das Kind ruhig mit. Erklären Sie ihm, was geschieht, wozu man Toilettenpapier braucht und wie man sich anschließend die Hände wäscht. Am besten wird der Toilettengang von vornherein mit dem Thema Hygiene verknüpft.

Besorgen Sie dem Kind ein Töpfchen für zu Hause und eines für unterwegs. Ich bevorzuge die einfachen Versionen. Ein Töpfchen muss weder Thron noch Spielzeug noch Stuhl sein. Es ist einfach eine leicht erreichbare, tragbare Toilette.

Ich halte auch nichts von den Mischformen zwischen Windel und Unterhose. Für mich heißt es bei diesem Thema: entweder – oder. Alles andere bringt das Kind nur durcheinander. Höschenwindeln würde ich nur benutzen, wenn das Kind sich nachts die herkömmliche Windel auszieht.

HÖSCHEN STATT WINDEL

Statt ins »Luxus-Töpfchen« kann man in Unterwäsche investieren, die eine echte Belohnung für das Trockenwerden darstellt. Die meisten Kinder sind überglücklich, wenn sie die ersten Unterhosen bekommen.

Wenn die Sauberkeitserziehung im Sommer stattfindet, darf das Kind ruhig ohne Höschen herumlaufen, sofern Sie es dazu anhalten, das Töpfchen zu benutzen. Manchmal ist dieses Vorgehen jedoch kontraproduktiv. Wenn das Kind kein Gefühl dafür entwickelt, was ein nasses Höschen bedeutet, ist die Blasenkontrolle nicht so wichtig. Reißen Sie ihm daher auch ein nasses Höschen nicht sofort vom Leib. Das Kind muss lernen, dass so etwas unangenehm ist und vermieden werden sollte.

TIPPS FÜR DIE ÜBERGANGSZEIT:

★ Die Vorzeichen erkennen. Der Griff in den Schritt ist unübersehbar.

★ Unkomplizierte Kleidung wählen. Hosen mit Gummibund lassen sich leichter herunterziehen als Latzhosen mit Knöpfen, Trägern oder Reißverschlüssen.

★ Behalten Sie die Übersicht, wie viel Flüssigkeit Sie dem Kind den Tag über geben.

★ Erklären Sie, wie es sich anfühlt, wenn man zur Toilette muss: »Fühlst du es in deinem Bauch?« Drücken Sie auf Ihren Unterbauch und zeigen Sie dem Kind, wovon Sie reden – ohne es zu sehr auszuschmücken.

★ Nach dem kleinen oder großen Geschäft loben, loben, loben.

★ »Musst du mal Pipi machen?« Wiederholen Sie diesen Satz immer wieder. Notfalls eine Million Mal am Tag.

★ Das Töpfchen sollte greifbar sein, aber nicht vor dem Fernseher stehen. Dort wird es schnell zum Stuhlersatz. Das Kind konzentriert sich nicht mehr und vergisst, worum es geht. Sobald das Kind sich ans Töpfchen gewöhnt hat, sollte dies im Badezimmer bleiben.

★ Manche Kinder sind schamhafter als andere und ziehen sich mit dem Töpfchen lieber in eine Ecke zurück. Gestatten Sie diese Zurückhaltung. Wenn ich einem Kind auf einer öffentlichen Toilette helfe, indem ich es festhalte, schaue ich zur Seite, damit es sich konzentrieren kann.

★ Auch in der Phase des Trockenwerdens spricht nichts gegen den Spielplatzbesuch oder die Autofahrt. Dafür braucht das Kind keine Windel, sondern ein Reisetöpfchen. Seien Sie jedoch darauf gefasst, notfalls rasch anhalten zu müssen. Das alles geht ganz unkompliziert.

★ Bevor man das Haus verlässt, schickt man das Kind noch mal zur Toilette.

★ Konsequenz ist das Zauberwort. Die eigene Bequemlichkeit muss dahinter zurückstehen. Wenn Sie übers Wochenende zur Oma fahren, sollten Sie nicht wieder zur Windel greifen, um ein Malheur zu vermeiden.

DIE TOILETTE BENUTZEN

Auf dem Töpfchen fühlen sich Kinder meist sicherer als auf der Toilette, wo die Füße über dem Boden baumeln und der Po über einer riesigen Öffnung hängt. Auch die Spülung erschreckt kleine Kinder oft – besonders wenn sie dabei noch auf der Toilette sitzen.

Irgendwann jedoch braucht das Kind das Töpfchen nicht mehr. Hilfreich ist dann ein Fußbänkchen. Ein Sitzverkleinerer nimmt dem Kind die Angst, durchrutschen zu können.

Nutzen Sie jede Gelegenheit, den Toilettengang mit Händewaschen zu verknüpfen. Achten Sie darauf, dass das Kind sich wirklich die Hände wäscht. Ein Vier- oder Fünfjähriger kann sich getrost allein den Po abwischen. Mit Feuchttüchern geht das unter Umständen besser. Hinterher müssen Sie bei manchen Kindern überprüfen, ob die Reinigung ausreichend war.

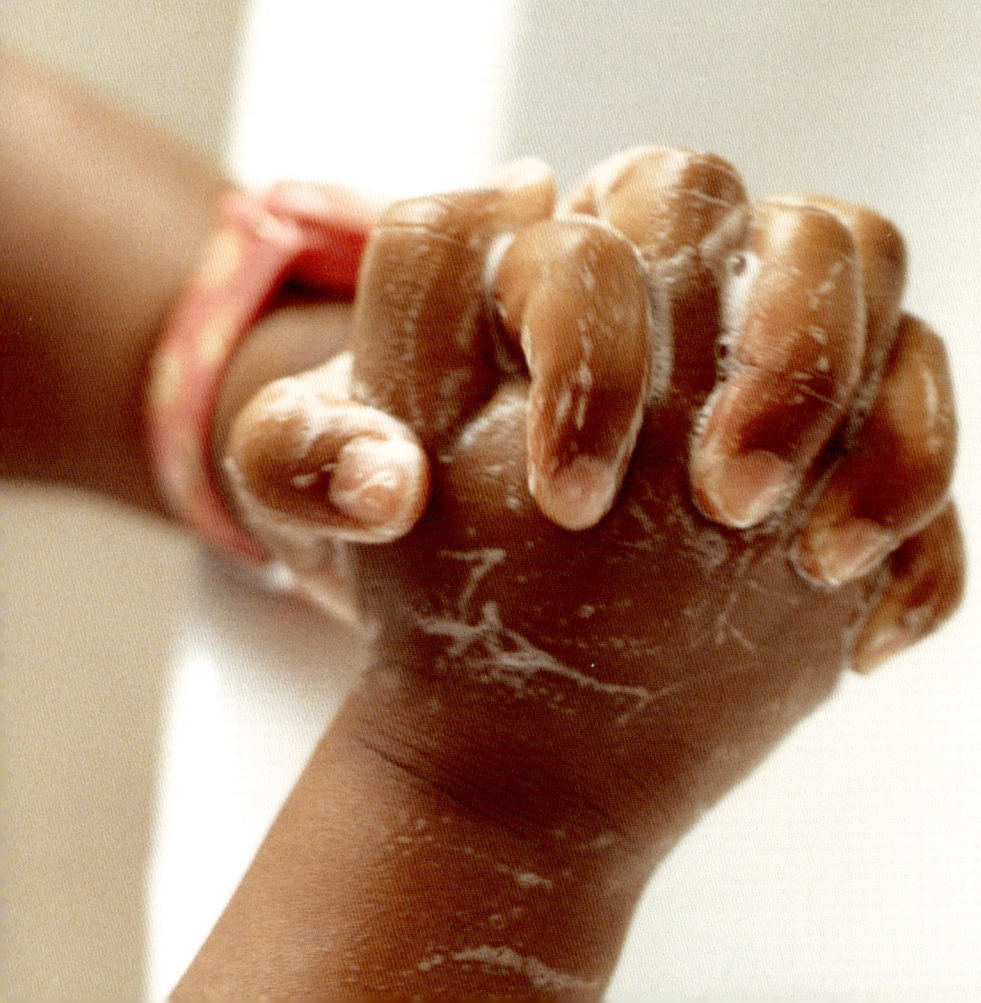

UNFÄLLE UND RÜCKFÄLLE

Ab und zu geht doch mal was in die Hose, mitunter auch ein größeres Geschäft. Das passiert oft dann, wenn ein Kind sich besonders freut oder zu abgelenkt ist, um die eigenen Körpersignale wahrzunehmen. Dem Kind ist das meistens sehr peinlich. Machen Sie keine Affäre daraus. Übertriebene Aufmerksamkeit und viel Trösten bringen es unter Umständen auf die Idee, dass ein »Unfall« durchaus seinen Nutzen haben kann. Gehen Sie daher ruhig und sachlich mit dem Vorfall um. So etwas kommt eben mal vor.

Manchmal ist ein Kind einfach zu faul, zur Toilette zu laufen, oder glaubt, es würde dadurch etwas viel Interessanteres verpassen. Teilen Sie ihm mit, dass so ein Verhalten nicht akzeptabel ist. Wenn es grundsätzlich bis zum ungünstigsten Moment wartet, helfen Sie nach: Schicken Sie es zur Toilette, *bevor* Sie ins Auto steigen.

KEINE VORWÜRFE

Bettnässen ist oft ein Zeichen, dass die Nachtwindel zu früh weggelassen wurde. Erst wenn die Windel etliche Male hintereinander trocken war, lässt man sie weg. Es können aber auch seelische Probleme dahinterstecken. Oft reicht dafür ein fremdes Bett. Die Ankunft eines neuen Geschwisterchens, ein Umzug oder ein schlechter Traum können dasselbe bewirken. Solche Probleme müssen mit Zartgefühl und ohne Vorwürfe angegangen werden. Kranke Kinder machen ebenfalls gelegentlich ins Bett.

Wenn Bettnässen damit zusammenhängt, dass das Kind sich im Dunkeln nicht zur Toilette traut, können Sie ihm ein Töpfchen ins Schlafzimmer stellen und ein Nachtlicht anlassen.

DAS PROBLEM:
HÄUFIGES BETTNÄSSEN

Bettnässen ist bei älteren Kindern keine Seltenheit. Für das Kind ist das peinlich, den Eltern macht es Arbeit. Die Gründe sind vielfältig. Oft spielen Stress und Kummer eine Rolle, mitunter liegt eine Harnwegsinfektion vor. Wenn solche offensichtlichen Ursachen ausgeschlossen wurden, will das Kind mit dem Bettnässen vielleicht Aufmerksamkeit erregen.

Ein Kind, das regelmäßig ins Bett macht, sollte deshalb nicht im Elternbett schlafen. Natürlich darf man es nicht bestrafen, aber auch nicht belohnen.

DIE LÖSUNG:
DAS MUSTER AUFBRECHEN

Unabhängig vom Grund für das Bettnässen kommt es darauf an, das Muster aufzubrechen. Am wirksamsten ist es, das Kind nachts aus dem Bett zu heben, bevor man selber schlafen geht. Es wird aufs Töpfchen oder auf die Toilette gesetzt und soll noch einmal Wasser lassen. Die meisten Kinder lassen das einfach über sich ergehen und schlafen danach gleich wieder ein. Nach dem Abendessen sollte das Kind außerdem nicht mehr viel trinken. Wenn es vor dem Schlafen noch ein großes Glas Milch oder Saft bekommt, fällt es ihm natürlich schwerer, trocken zu bleiben.

DAS PROBLEM: EINKOTEN

Dieses Problem ist etwas komplizierter. Häufig ist das Kind krank, sehr beschäftigt, verängstigt oder abgelenkt. Auch Brüche im Familienleben können die Ursache sein. Setzen Sie das Sauberkeitstraining einfach fort. Wenn das Kind fürs Einkoten bestraft wird, kann man mitunter wieder ganz von vorn anfangen.

Manchen Kindern fällt die Darmkontrolle viel schwerer als die Blasenkontrolle. Andere fürchten sich regelrecht vor dem Stuhlgang, entweder vor dem Gefühl dabei oder vor dem Anblick des Resultats. Deshalb halten sie den Stuhl so lange zurück, bis nichts mehr geht und alles zu spät ist. Einfühlungsvermögen ist hier wichtig, aber kein besonderes Beschwichtigen. Sagen Sie ohne große Aufregung: »Das kommt, weil du es zu lange aufgehalten hast. Nicht so schlimm.« Erklären Sie dem Kind, wie es zu dem »Unfall« kam. Meist bleibt es bei einem einmaligen Zwischenfall.

DIE LÖSUNG: DAS THEMA HERUNTERSPIELEN

Wenn es immer wieder zu »Unfällen« kommt, sollten Sie ausreichend Zeit für das Umziehen einplanen und natürlich stets frische Unterwäsche, Feuchttücher und saubere Hosen dabeihaben. Stürzen Sie nicht sofort zum Töpfchen. Das Kind soll gar nicht erst auf die Idee kommen, dass die Zeit drängt oder dass Sie sich wegen dieses Themas Sorgen machen. Nach jedem Einkoten wird das Kind sauber gemacht. Weitere Aufmerksamkeit ist nicht erforderlich. Wenn es nicht mehr einkotet, müssen Sie es ausgiebig loben.

Manchmal führt die Angst vorm Stuhlgang zu Verstopfung. Ich mache Kindern, die zu Verstopfung neigen, am liebsten ein warmes Bad. Dort entspannen sich die Muskeln. Außerdem gehört reichlich frisches Obst und Gemüse auf den Speisezettel, und das Kind sollte viel trinken.

MEINE 10 GRUNDREGELN

SO WENDEN SIE MEINE ZEHN GOLDENEN REGELN BEI DER SAUBERKEITSERZIEHUNG AN:

1. LOBEN UND BELOHNEN

Jeder Schritt auf diesem Weg wird von viel Lob und Ermunterung begleitet. Höschen, die mit den Lieblingsmotiven bedruckt sind, eignen sich gut als Anreiz.

2. KONSEQUENT BLEIBEN

Wenn Sie einmal mit der Sauberkeitserziehung angefangen haben, dürfen Sie auf keinen Fall wieder aufhören. Keine Windelslips verwenden; das bringt das Kind nur durcheinander.

3. TAGESABLAUF REGELN

Nichts forcieren, nicht drängeln. Bevor Sie aus dem Haus gehen, bekommt das Kind genug Zeit für die Toilette. Immer wieder an die Toilette erinnern.

4. GRENZEN SETZEN

Gehen Sie das Trockenwerden realistisch und nicht zu früh an, sonst dauert es leicht Monate. Auf die Vorzeichen achten. Töpfchen gehören ins Bad. Die Nachtwindel nicht zu früh weglassen.

5. DISZIPLIN WAHREN

Nachhaltige Bekräftigung ist von größter Bedeutung. Aber das Kind für »Unfälle« nie strafen. Das Bett bleibt leichter trocken, wenn Sie das Kind noch einmal aufs Töpfchen oder auf die Toilette setzen, ehe Sie selber schlafen gehen.

6. ANKÜNDIGEN

Fragen Sie Ihr Kind während des Trockenwerdens immer wieder, ob es vielleicht auf die Toilette muss. Auch später sollten Sie regelmäßig nachfragen. Kleine Kinder können den Drang, den sie verspüren, noch nicht lange zurückhalten.

7. ERKLÄREN

Machen Sie Ihrem Kind deutlich, wie sich sein Bedürfnis anfühlt. Zeigen und erklären Sie, was beim Toilettengang geschieht, auch das anschließende Händewaschen. Das ist eine gute Gelegenheit, um über Hygiene zu sprechen.

8. SICH ZURÜCKHALTEN

Gestehen Sie auch einem Kind Privatsphäre zu. Und verlieren Sie nicht viele Worte über »Unfälle« oder gelegentliches Bettnässen.

9. VERANTWORTUNG ÜBERTRAGEN

Ermuntern Sie das Kind dazu, sich selbst abzuwischen, sobald es dies179 kann, und auch eigenständig die Hände zu waschen.

10. ENTSPANNEN

Gehen Sie ganz entspannt und offen mit diesem Thema um. Es ist schließlich ein Teil unseres Lebens.

Essen

Kinder brauchen eine gute, ausgewogene Ernährung. Zu diesem Thema gibt es reichlich Informationen, und da wir keine Jäger und Sammler mehr sind und auch nicht auf das eigene Feld angewiesen, brauchen wir nur einkaufen zu gehen. Man stellt dem Kind einfach dreimal am Tag einen Teller oder eine Schale voller nahrhafter Dinge hin und vertraut auf seinen Hunger. Wenn es doch nur so einfach wäre!

Leider werden die Mahlzeiten nur allzu oft zur Kampfarena. Da steht es nun das gute Essen, das Sie zubereitet haben, doch das Kind hat entschieden, dass es »eklig« schmeckt. Was gäbe es da nicht alles, was Ihrem Sprössling viel mehr munden würde: Snacks, Knabberzeug, Schokolade, Süßigkeiten und zuckerhaltige Getränke. Wie oft am Tag es nach einem Keks verlangt, können Sie längst nicht mehr zählen, aber nach Brokkoli hat es bestimmt noch nie geschrien. Ebenso wenig passt dem Kind der Zwang, beim Essen am Tisch zu sitzen.

Beim Thema Essen demonstrieren die Kleinen schon sehr früh ihr Bedürfnis nach Unabhängigkeit. Sie haben schnell heraus, dass man sie nicht zum Essen zwingen kann. Das macht die ganze Geschichte umso problematischer, denn ausgerechnet wegen des Essens machen sich die Eltern die meisten Sorgen.

Ab dem ersten hungrigen Schrei des Neugeborenen wissen wir, dass regelmäßige Nahrungszufuhr für die Entwicklung und das Wachstum eines Kindes lebensnotwendig ist. Das spürt man sogar.

Gerade in den ersten Lebenswochen entsteht beim Füttern eine besondere Nähe, die das emotionale Band zwischen Eltern und Kind vertieft und stärkt.

Wenn das Kind später bei den Mahlzeiten Theater macht oder sich weigert zu essen, fällt es einem häufig schwer, geduldig und sachlich zu bleiben. Die Ernährung des Kindes ist von Anfang an eine sehr emotionale Angelegenheit.

Durch feste Essenszeiten, klare Regeln und Grenzen kann man die Situation entschärfen. Man muss Kindern von klein auf beibringen, wie man isst. Das gehört ebenso zu den elterlichen Pflichten wie die Sorge für eine gesunde Kost.

Achten Sie von Anfang an konsequent auf ausgewogene Ernährung. Das Verlangen nach Zucker ist nicht angeboren. Kinder, die nur nährstoffreiche Mahlzeiten erhalten, kennen nichts anderes. Der aufgeschnittene Pfirsich ist für sie so lecker wie für andere Kinder das Schüsselchen Eis.

Die Ernährung des Säuglings

In den ersten Lebensmonaten braucht ein Baby ausschließlich Muttermilch oder Säuglingsnahrung. Zusätzlich kann es höchstens etwas abgekochtes und wieder abgekühltes Wasser bekommen. Feste Nahrung sollte frühestens nach vier Monaten angeboten werden. Ein hungriges Baby braucht nicht den ersten Löffel Brei, sondern einfach nur mehr Milch. Wenn man mit Breifütterung beginnt, bevor der Magen dies verdauen kann, kommt es mitunter zu Verdauungsproblemen oder gar zu Allergien.

Muttermilch versorgt ein Baby auf natürliche Weise mit allem, was es braucht. Sie liefert Fett, Kohlenhydrate und Eiweiß sowie die nötigen Vitamine, Mineralstoffe und Antikörper für das noch sehr empfindliche Immunsystem des Säuglings. Fertige Säuglingsnahrung weist zwar nicht dieselben Antikörper auf, kommt jedoch der Brustmilch sehr nahe. Kuhmilch ist für Kälber – im ersten Lebensjahr sollten Kinder Kuhmilch nicht einmal in verdünnter Form bekommen, weil sie viel zu viel Eiweiß enthält.

Stillen

Schon eine Stillzeit von nur wenigen Wochen unterstützt den Start ins Leben. Wenn Sie jedoch lieber die Flasche geben möchten oder nicht mehr stillen können oder dürfen, brauchen Sie sich deshalb keine Vorwürfe zu machen. Ihr Kind bekommt trotzdem alles, was es benötigt.

Anfangsprobleme beim Stillen sind nicht selten. Viele junge Mütter brauchen am Anfang oder auch zu einem späteren Zeitpunkt Hilfe oder Ratschläge. Oft geht es darum, dass das Baby nicht richtig saugt oder dass die Milchmenge den Bedürfnissen des Kindes nicht angemessen ist.

Ausreichend Schlaf und eine gesunde Ernährung ist für Mütter das A und O. Auch Stress kann die Milchproduktion beeinträchtigen.

DAS ANLEGEN

Streichelt man einem Neugeborenen leicht über die Wange, wendet es instinktiv den Kopf in diese Richtung, weil es dort die sanfte Berührung der Brust erahnt. Wenn auf dieser Seite eine Brustwarze wartet, saugt es sich begierig fest. Ein richtig angelegtes Baby hat auch den größten Teil des braunen Warzenvorhofs im Mund, nicht nur die Warze selbst. Saugt das Kind nur an der Warze, wird die Brust nicht ausreichend geleert. Es kommt dann leicht zu wunden, rissigen Brustwarzen und zu Milchstau in den Milchgängen, was wiederum zu einer Brustentzündung führen kann.

ANGEBOT UND NACHFRAGE

Nach der Geburt dauert es zwei Tage, bis die Milchproduktion einsetzt. Bis dahin erzeugt die Brust nur eine dünne, wässrige Vormilch, das Kolostrum. Es enthält wichtige Antikörper für das Kind. Nach zwei bis drei Tagen erfolgt dann der Milcheinschuss, der bei der Frau mitunter mit einem oder zwei »Heultagen« einhergeht. Danach pendelt sich die Milchproduktion entsprechend den Bedürfnissen des Kindes ein. Je öfter das Kind saugt, desto mehr Milch wird produziert.

Das Wachstum des Kindes ähnelt grafisch einer gleichmäßigen Kurve, doch es vollzieht sich in einer Reihe kleiner Sprünge. Nach einigen Wochen einigermaßen verlässlicher Stillzeiten scheint ein Kind mitunter plötzlich unablässig an der Brust zu hängen. Auf diese Weise sorgt es dafür, dass sich die Milchmenge seinem steigenden Bedarf anpasst. Sobald ihm dies gelungen ist, spielen sich wieder feste Zeiten ein. Wenn das Baby hingegen nach einer ausgiebigen

Stillmahlzeit immer noch mehr zu verlangen scheint, will es sich vielleicht einfach nur in den Schlaf nuckeln.

Der Milchbedarf kann nur gedeckt werden, wenn die Mutter sich gut ernährt, viel trinkt und ausreichend Ruhe bekommt. Stillen erzeugt oft starken Hunger und Durst. Manche Mütter stellen sich Thermoskannen mit Kakao oder heißer Brühe ans Bett, um für Heißhungerattacken gerüstet zu sein.

Unsicherheit beim Stillen hat viel damit zu tun, dass man nicht sehen kann, wie viel das Kind zu sich nimmt. Solche Sorgen sind meist unbegründet. Das regelmäßige Wiegen beim Kinderarzt dürfte zur Beruhigung ausreichen.

Flaschennahrung

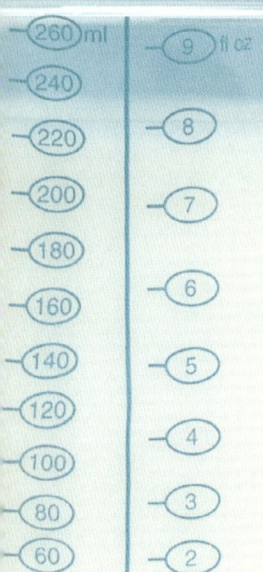

Auch das Füttern mit der Flasche will gelernt sein. Man muss vor allem darauf achten, dass das Baby im richtigen Tempo trinkt und nicht so viel Luft schluckt. Das Loch im Sauger sollte so groß sein, dass mehrere Tropfen Milch pro Sekunde hindurchfließen, und der Sauger selbst so groß, dass das Kind sich richtig festsaugen kann. Dabei hilft es, leicht über eine Wange zu streichen, um den Saugreflex auszulösen. Dann wendet das Kind sein Köpfchen der Berührung zu, wo das Fläschchen warten sollte. Um Blähungen vorzubeugen, hält man die Flasche so, dass die Lufttasche nicht im Sauger liegt. Babys, die zu viel Luft schlucken, müssen mitunter so stark aufstoßen, dass sie einen Großteil der Mahlzeit wieder ausspucken. Deshalb lasse ich Säuglinge lieber schon nach der ersten Hälfte der Flasche einmal aufstoßen.

WENN DER HUNGER GROSS IST

Obwohl man beim Füttern von Flaschennahrung leichter erkennen kann, wie viel ein Baby zu sich nimmt, kann man dennoch zu wenig geben. Bereiten Sie ruhig etwas mehr als die empfohlene Milchmenge zu, falls das Kind gerade hungriger ist als sonst. Wenn es die ganze Flasche leer trinkt, braucht es vielleicht noch mehr. Sie dürfen jedoch nicht das empfohlene Verhältnis von Milchpulver zu Wasser ändern. Das Baby bekommt dadurch nicht mehr Nährstoffe, sondern schlichtweg zu stark konzentrierte Milch und dadurch möglicherweise Verstopfung. Bei Hitze oder Krankheit kann es sinnvoll sein, einem Säugling zusätzlich abgekochtes und wieder abgekühltes Wasser zur Deckung des Flüssigkeitsbedarfs anzubieten.

Das Füttern mit der Flasche hat einen großen Vorteil: Sie können sich leichter mit dem Partner abwechseln. Tun Sie das auch!

Der erste Brei

Mit vier bis fünf Monaten kann man allmählich feste Nahrung einführen. Den richtigen Zeitpunkt erkennt man daran, dass das Kind immer mehr Mahlzeiten verlangt oder dass die Gewichtszunahme grundlos stockt. Natürlich geht man nicht von einem Tag zum anderen zu Brei über. Anfangs bieten wir dem Kind nur etwas an, um es auf den Geschmack zu bringen. Die Ernährung besteht weiterhin größtenteils aus Milch.

Der Gesichtsausdruck eines Babys beim ersten Probieren von fester Nahrung ist unbeschreiblich. Nicht nur der Geschmack, auch die Konsistenz und Beschaffenheit sind so überraschend. Manchen Kindern sagt das sofort zu, anderen überhaupt nicht. Wenn sie einen Löffel Nahrung wieder ausspucken, bedeutet dies nicht, dass sie das Essen nicht mögen. Sie wissen bloß noch nicht, was sie damit anstellen sollen. Mag ein Kind sich gar nicht mit Brei anfreunden, warten Sie einfach eine Woche und probieren Sie es danach noch einmal mit einer anderen Geschmacksrichtung.

SCHMECKT DAS?

Neue Nahrung sollte immer schrittweise eingeführt werden. So können Sie leichter erkennen, ob eine besondere Abneigung gegen bestimmte Nahrungsmittel besteht oder ob das Kind etwas schlecht verträgt. Anfangs bieten Sie relativ neutrales, breiiges Essen an, also Reisschleim oder Haferbrei, der mit Brustmilch, Säuglingsnahrung oder abgekochtem, abgekühltem Wasser zubereitet werden kann. Gut geeignet sind auch pürierte Früchte und Gemüse wie gekochte Möhren, Kartoffeln, Äpfel oder Birnen, aber auch zerquetschte Banane und Avocado.

EIN NEUER GESCHMACK:

★ Führen Sie festere Nahrung zu einer bestimmten Tageszeit ein, zum Beispiel morgens oder mittags.

★ Füttern Sie das Baby mit einem Plastiklöffel und geben Sie ihm auch einen Löffel in die Hand. Es kann ihn noch nicht benutzen, hat dann aber vielleicht noch mehr Spaß.

★ Von den ersten paar Löffeln landet zunächst mehr auf dem Lätzchen als im Mund. Die Umgewöhnung braucht Zeit. Das Kind spuckt sein Essen nicht mit Absicht aus, sondern erforscht es einfach, indem es die Zunge herausschiebt. Dadurch wird das Essen auch flüssiger.

Wenn das Kind den Kopf abwendet, hat es entweder genug gegessen oder es schmeckt ihm nicht. Zwingen Sie ihm kein Essen auf. Achten Sie auf seinen Gesichtsausdruck.

★ Prüfen Sie stets die Temperatur: Der Brei darf nicht zu heiß sein. Mittlerweile gibt es sogar Löffel, die sich verfärben, wenn das Essen zu heiß ist.

★ Die Nahrung für das Baby muss gehackt, püriert, gerieben oder zerquetscht sein. Klumpen könnten es leicht zum Würgen bringen.

★ Wenn sich eine allergische Reaktion abzeichnet, das Kind sofort zum Arzt oder ins Krankenhaus bringen.

NAHRUNGSMITTEL, BEI DENEN SIE VORSICHTIG SEIN SOLLTEN:
Führen Sie zuerst Gemüse und Obst ein, später Eiweiß. Durch Trennung der Nahrungsgruppen erkennen Sie mögliche allergische Reaktionen leichter. Bestimmte Nahrungsmittel sollten erst später auf den Speiseplan kommen, insbesondere Nüsse, Kuhmilch und Eier. Achten Sie auf gerötete, juckende Hautpartien, plötzlichen Durchfall oder Erbrechen.

Bei folgenden Nahrungsmitteln ist Vorsicht geboten:

SALZ. Babynahrung sollte nicht gesalzen werden. Dem Kind auch nichts Salzhaltiges geben. Salz belastet die Nieren.

ZUCKER. Säuglinge und Kleinkinder brauchen keine zuckerhaltige Nahrung. Der natürliche Zuckergehalt in Obst und Gemüse reicht vollkommen aus.

NÜSSE. Nüsse sind tabu. Sie können Allergien auslösen. Außerdem verschlucken Kleinkinder sich leicht daran.

KUHMILCH. Erst nach dem ersten Geburtstag einführen. Kleinkinder brauchen Vollmilch, weil das Fett notwendige Kalorien liefert.

EIER. Auch mit Eiern oder eihaltigen Produkten wartet man bis nach dem ersten Geburtstag.

ZITRUSFRÜCHTE. Die Säure kann den Magen reizen. Immer die Kerne entfernen.

SAMEN UND ROHE NAHRUNG. Samen und harte Nahrung können die Luftröhre verlegen und sind daher für kleine Kinder gefährlich. Säuglingen gibt man keinerlei rohe Nahrung.

Die Entwöhnung

Sobald das Baby sich daran gewöhnt hat, mittags ein Dutzend Löffel Brei zu sich zu nehmen, kann es auch zu anderen Tageszeiten feste Nahrung bekommen, zum Beispiel zum Frühstück.

Geben Sie ihm nun regelmäßig verdünnten Saft oder abgekühltes gekochtes Wasser, sowohl zu den Mahlzeiten als auch zwischendurch. Dazu kann man entweder ein Fläschchen oder eine Schnabeltasse benutzen. Je mehr ein Kind an fester Nahrung und Getränken zu sich nimmt, desto mehr geht sein Verlangen nach einer Stillmahlzeit oder der Milchflasche zurück, bis man schließlich von morgens bis abends nur noch füttert.

Manche Kinder entwöhnen sich relativ abrupt von allein. Sobald sie mit der festen Nahrung zurechtkommen, zeigen sie kaum noch Interesse an der Brust oder der Flasche. Für stillende Mütter kann das problematisch sein, weil die Milchmenge nicht so rasch zurückgeht. Häufiger jedoch möchte das Baby noch gestillt werden, obwohl Sie kaum noch Milch haben. Hier geht es weniger um das Trinken an sich, sondern das Baby benutzt die Brust als tröstenden »Schnuller«.

LANGSAM WEG VON DER MILCH

Wenn das Kind sich an feste Nahrung und Getränke gewöhnt hat, können Sie die Brustmahlzeiten auf zwei reduzieren. Sobald es eine davon einmal ausgelassen hat, bieten Sie ihm die Brust nicht mehr an. Viele Mütter kostet dieser Schritt Überwindung, doch Sie und Ihr Kind profitieren auch davon.

Mit sechs bis acht Monaten braucht ein Kind mehr Nährstoffe, als Flaschennahrung liefern kann. Wenn Sie weiterhin rund um die Uhr Milch füttern, ist es vielleicht so gesättigt, dass es keinen Appetit auf feste Nahrung entwickelt.

Es gibt kein Patentrezept zur Entwöhnung, das jedem Kind und allen Eltern gerecht wird. In der Hauptsache kommt es darauf an, regelmäßige Mahlzeiten anzustreben.

Die Ernährung des Kleinkinds

Zwischen eineinhalb und zweieinhalb Jahren kann das Kleinkind praktisch alles essen, was die anderen Familienmitglieder zu sich nehmen. Das Essen muss nur ausreichend zerdrückt oder klein geschnitten sein, dann wird es auch gut verdaut. Mit der Zeit lernt das Kind auch, selbst zu essen und mit Löffel und Schnabeltasse umzugehen.

Manche Kinder essen zu bestimmten Zeiten besser als zu anderen. In diesem Fall sollten Sie die Mahlzeiten dem Appetit anpassen, also beispielsweise ein ausgiebigeres Mittagessen und dafür ein leichteres Abendessen hinstellen. Probieren Sie ruhig herum und führen Sie frühzeitig eine breite Palette an Nahrungsmitteln ein.

In diesem Alter lehnen Kinder häufig bestimmte Nahrungsmittel ab. Die besorgten Eltern versuchen dann, das Kind zum Essen zu zwingen, was zwangsläufig fehlschlägt. Als Nächstes fangen sie an, ihm die Wahl zu lassen. Wenn das Kind alles verweigert, gestehen sie ihm schließlich Kekse und Leckereien zu – Hauptsache, es isst überhaupt irgendetwas.

ESSEN ALS MACHTFRAGE

Ein Kleinkind begreift sehr rasch, dass die Mahlzeiten eine ideale Gelegenheit sind, sich Aufmerksamkeit zu sichern. Sobald sich der Löffel nähert, presst es die Lippen zusammen und wendet den Kopf ab, sodass der Brei im Ohr landet. Ohne Vorwarnung lässt es sein Lieblingsessen stehen. Zwischendurch erbettelt es Kekse und Süßigkeiten. Damit ist der Krieg ums Essen ausgebrochen.

Viele Probleme beim Füttern ließen sich vermeiden, wenn man lockerer mit diesem Thema umginge. Ein Kind, das vor Energie strotzt, bekommt wahrscheinlich alles, was es braucht. Dann schadet es auch nichts, wenn es nur einmal am Tag richtig reinhaut und ansonsten nur im Essen herumstochert.

SO SCHMECKT ES DEM KIND:

* Sobald das Kind Löffel und Tasse halbwegs benutzen kann, sollten Sie es gewähren lassen. Geben Sie ihm Sachen, die man mit den Fingern essen darf. Bis es gut mit dem Löffel umgehen kann, kommen ihm klein geschnittene belegte Brote, Fischstäbchen, gekochte Möhren und Apfelschnitze sehr entgegen.

* Erwachsene orientieren sich an drei Hauptmahlzeiten. Bieten Sie dem Kind zusätzlich noch vormittags und nachmittags eine Zwischenmahlzeit an. Obst, Joghurt und Käsewürfel sind viel gesünder als Kuchen, Kekse und Chips.

* Ein Zweijähriger braucht keine Erwachsenenportion. Eine Kinderportion sollte bequem auf einen Kuchenteller passen.

* Immer wieder loben! Wenn das Kind genug hat, sollte man es nicht zum Weiteressen auffordern.

* Abwechslung auf den Tisch bringen. Woher sollen Sie wissen, dass Ihr Töchterchen Reis liebt, wenn es immer nur Nudeln gibt? Die eigenen Geschmacksvorlieben nicht auf die Kinder übertragen. Was Sie selbst nicht mögen, können Sie trotzdem mal dem Kind hinstellen.

* Vollkornteigwaren, Vollkornbrot und Kartoffeln sind gut für Kinder, weil sie Energie in Form komplexer Kohlenhydrate über einen längeren Zeitraum freisetzen. Der Blutzuckerspiegel schwankt danach weniger stark als beim Genuss zuckerreicher Speisen.

* Überfallen Sie das Kind nicht mit den Mahlzeiten. Kündigen Sie das Essen immer rechtzeitig an, damit Ihr Kind das, was es gerade tut, fertig machen kann.

* Ein Kind, das noch viel Milch trinkt, hat vielleicht wenig Appetit auf feste Nahrung. Geben Sie ihm auch Wasser und verdünnten Saft. Auch zu viel Saft raubt den Appetit.

* Viele Eltern loben ihr Kind, wenn es sich eine zweite Portion nimmt. Tun Sie das nicht! Eine zweite Portion sollte nicht mit gutem Benehmen in Verbindung gebracht werden, sondern ausschließlich mit dem Hungergefühl.

Geregelte Essenszeiten

Anfangs brauchen Kinder viel Hilfe, Ermunterung und Aufsicht beim Essen. Sie genießen es jedoch auch, mit den Großen bei Tisch zu sitzen. Sobald das Kind frei auf seinem Hochstuhl sitzen kann, sollte es bei den Mahlzeiten dabei sein. Wenn es lieber einen normalen Stuhl möchte, sollten Sie das zulassen. Man kann immer noch ein Kissen darauf legen, damit es höher sitzt.

In einer Folge der amerikanischen Ausgabe der *Supernanny* besuchte ich die Baileys, wo die täglichen Mahlzeiten zum Schlachtfeld geworden waren. Die sechsjährige Jadyn hatte Hummeln im Hintern und konnte einfach nicht stillsitzen. Ihr zweijähriger Bruder Billy saß im Hochstuhl etwas abseits vom Tisch. Weil er nicht genug Beachtung bekam, spielte er sich regelmäßig auf. Zuallererst besorgten wir Billy eine Sitzerhöhung, damit er mit dem Rest der Familie am Tisch sitzen konnte. Auf diesem »Großer-Junge-Platz« fand Billy es plötzlich angebracht, sich beim Essen auch wie ein großer Junge zu benehmen. Seine Manieren verbesserten sich merklich.

ALLE AN EINEM TISCH

Wenigstens einmal am Tag sollte eine Familie versuchen, gemeinsam zu essen. Wenn das nicht möglich ist – was in großen Familien schon mal vorkommt –, sollte man am Wochenende ein oder zwei gemeinsame Mahlzeiten einplanen. Unter der Woche müssen Sie den Kindern vielleicht etwas zu essen geben, bevor der Partner heimkommt. Dann sollten Sie sich dazusetzen und eine Kleinigkeit mitessen. Mahlzeiten sind die ideale Gelegenheit, Kindern Manieren beizubringen.

Halten Sie sich an den Zeitplan. Feste Essenszeiten sind wichtig. Wenn Sie die Mahlzeiten ständig verschieben, müssen Sie mit Stimmungsschwankungen bei den Kindern rechnen, weil der Blutzuckerspiegel nicht stabil bleibt. Bei älteren Kindern kann man flexibler werden. Eine halbe Stunde Unterschied wirkt sich dann nicht mehr so stark aus.

TISCHSITTEN

Machen Sie den Kindern die Regeln klar. Sie sollen sich an den Tisch setzen und nicht das Essen an einen anderen Ort mitnehmen, am allerwenigsten vor den Fernseher. Kinder sollen bei Tisch bleiben, bis man ihnen erlaubt aufzustehen. Die einzige Ausnahme ist ein Gang zur Toilette. Außerdem darf man erwarten, dass sie sich vor dem Essen die Hände waschen und »Bitte« und »Danke« sagen.

Dennoch sollten wir realistisch bleiben. Ältere Kinder sind oft schneller mit dem Essen fertig als jüngere. Zwingen Sie sie nicht, stundenlang dabeizusitzen, bis das Kleinkind aufgegessen hat. Ebenso wenig müssen sie unbedingt ein langes Erwachsenengespräch abwarten.

Bis zum Alter von zweieinhalb lassen sich die meisten Essprobleme vermeiden, indem man von vornherein verhindert, dass Essen zum Streitpunkt wird, und indem man einen vernünftigen Maßstab ansetzt, was und wie viel ein Kind essen kann. Ältere Kinder werden ihre Grenzen allerdings auf andere Weise austesten. Dann wird es Zeit, die Regeln glasklar zu formulieren und auf ihrer Einhaltung zu bestehen.

Vieles wird lockerer, wenn das Kleinkind bei den Vorbereitungen fürs Essen mithelfen darf. Dadurch beugt man auch Gejammer oder einem Wutanfall zwischen der Ankündigung, dass es gleich Essen gibt, und dem Zeitpunkt, zu dem es auf dem Tisch steht, vor.

Das Kind könnte ruhig den Tisch decken. »Holst du mal bitte drei Löffel?« Dadurch ergibt sich auch Gelegenheit, es zu loben. »Und jetzt holst du bitte noch drei Gabeln.« Bei Tisch können Sie das Kind bitten, Ihnen einfache Dinge zu reichen, zum Beispiel eine Serviette. Sagen Sie bei jeder Gelegenheit »Bitte« und »Danke«, um ein gutes Vorbild abzugeben.

DAS PROBLEM:
KOSTVERÄCHTER

Natürlich dürfen schon Kleinkinder sagen, was ihnen schmeckt und was nicht. Nicht nur ganz exotische Speisen rufen leidenschaftlichen Protest hervor. Manche Kinder hassen Tomaten, andere Erbsen, wieder andere Pilze. Wenn Sie ehrlich sind, gibt es bestimmt einiges, was auch Sie nicht mögen.

Man sollte ein Kind nie zwingen, etwas zu essen, was es einfach nicht mag. Selbst wenn es Ihnen gelingt, es zu einer halben Tomate zu überreden, wird es deshalb nicht plötzlich Tomaten lieben. Eher hasst es sie noch mehr. Ein Kind, das eine bestimmte Speise ablehnt, ist deshalb noch kein Kostverächter. Dieser Begriff gilt für Kinder, die weder Tomaten noch Erbsen noch Käse, Nudeln, Pilze, Eier und Fleisch essen – oder sonst etwas.

Kleine Kinder durchleben Zeiten, in denen sie kaum Appetit haben oder wo sie sich eine Weile fast ausschließlich von einem einzigen Lebensmittel ernähren. Wenn Sie dieses Verhalten nicht weiter beachten, wird das Kind bald wieder mehr Appetit haben und dann auch Sachen essen, die es bisher abgelehnt hat. Oder es lässt sich auf neue Experimente ein, sobald es bereit dazu ist.

VERWEIGERER AUF DER GANZEN LINIE

Bei einem echten Kostverächter dagegen wird die Liste der Speisen, die das Kind ablehnt, von Tag zu Tag länger, bis es schließlich nur noch von Marmeladenbroten oder Nudeln ohne Soße lebt. Ähnliche Verhaltenszüge zeigen sich vermutlich auch in anderen Bereichen. *Ein solches Kind in der Familie ist anstrengend genug. Aber Mäkelei beim Essen kann ansteckend sein. Bald schon werden drei heikle Esser verlangen, dass Sie ihnen drei verschiedene Essen kochen. Und das ist sicher noch nicht das letzte Wort. Die Kinder werden Ihnen vorschreiben, wie Sie das Essen auf welchen Teller zu legen haben. Ausgehen oder eine Einladung bei Freunden annehmen ist unter diesen Umständen unmöglich.*

Ein heikler Esser benutzt Essen als Druckmittel, um die Eltern springen zu lassen. Das Ganze ist also eine Machtfrage.

DIE LÖSUNG:
AUF DEN GESCHMACK BRINGEN

Ein Kind, das eine jahrelange Karriere als Kostverächter hinter sich hat, wird dieses Verhalten nur schwer wieder ablegen. In der Schule findet man schnell heraus, welche Kinder schwierige Esser sind: Sie haben kein Pausenbrot dabei oder essen nur Süßigkeiten. Verhindern Sie frühzeitig, dass sich Essen zur Machtfrage entwickelt.

★ Wenn das Kind etwas plötzlich nicht mehr mag, reagiert man am besten souverän. Es soll aufessen, was ihm schmeckt. Der Rest wird anschließend kommentarlos abgeräumt. Wenn Ihre Tochter erklärt: »Ich hasse Erbsen!«, messen Sie dieser Aussage keine große Bedeutung bei. Bringen Sie nach einigen Tagen erneut Erbsen auf den Tisch. Vielleicht hat sie ihre Meinung geändert, weil sie gemerkt hat, dass ihre erste Weigerung nicht sonderlich beachtet wurde. Kleinkinder sind in ihren Vorlieben und Abneigungen weder logisch noch hartnäckig.

★ Lassen Sie dem Kind seinen persönlichen Geschmack. Bieten Sie ihm eine Alternative an, wenn Sie ein ungeliebtes Gericht für die Familie kochen. Achten Sie auf den Gesichtsausdruck des Kindes beim Essen: Er spricht Bände.

★ Loben Sie Ihr Kind, wenn es doch etwas isst. Wenn Sie auf drei weiteren Löffeln bestehen, knicken Sie nicht ein. Drei Löffel sind drei Löffel, nicht zwei oder einer.

★ Manchmal geht es nicht um den Geschmack, sondern wie sich das Essen im Mund anfühlt. Manche Kinder mögen rohe Möhren, aber keine gekochten. Andere hassen Bratkartoffeln, lieben aber Kartoffelbrei. Alles nur eine Frage der Form!

★ Lassen Sie kleine Kinder beim Essen nicht wählen. Damit beschwören Sie nur Ärger herauf. Normalerweise isst die ganze Familie dasselbe – es gibt keine Speisekarte. Fünfjährige, die gut essen, können ruhig am Speiseplan beteiligt werden.

★ Isst das Kind nicht, was man ihm hingestellt hat, muss es nicht den ganzen Nachmittag vor seinem Teller sitzen bleiben. Die Sturheit von Kleinkindern ist legendär. Ein Kompromiss sind »noch drei Löffel«. Die muss das Kind aber essen, erst dann kann es gehen. Bieten Sie ihm auf keinen Fall anschließend einen Nachtisch oder etwas Süßes an. Wenn es nicht das isst, was es gibt, sollte es auch nichts anderes bekommen.

DAS PROBLEM:
NICHT SITZEN BLEIBEN

Ein Kind, das kommt und geht, wie es will, mit seinem Essen davonläuft oder mittendrin mit vollem Mund aufsteht und unter den Tisch kriecht, testet seine Grenzen ebenso hartnäckig wie der Kostverächter.

Damit die gemeinsame Mahlzeit für alle angenehm ist, muss es bestimmte vereinbarte Regeln geben. Und diese Regeln muss man dann auch durchsetzen. Es gibt gute Gründe, weshalb ein Kind am Tisch essen sollte. Zunächst einmal lernt es dadurch eine gute Haltung beim Essen und gute Manieren. Wer nicht mit am Tisch sitzt, kann nicht von anderen abgucken, wie man es richtig macht. Zweitens ist es bei Tisch viel einfacher, Verschüttetes aufzuwischen, als später den Kartoffelbrei von der Lehne des Sofas zu kratzen. Drittens kann ein Kind, das beim Essen hin- und herrennt, die Nahrung schlecht verdauen und riskiert, sich zu verschlucken. Es ist ein Irrtum zu glauben, das Kind sei noch zu klein, um klare Regeln zu befolgen. Gerade bei Tisch lernt es zu begreifen, dass es Teil einer Familie ist, die auch durch Regeln zusammengehalten wird. Vielleicht versteht es die Erklärungen der Erwachsenen noch nicht, aber schon allein die Erfahrung, dass es Regeln gibt, lässt es viel ruhiger werden. Dann werden auch die Mahlzeiten wieder ruhiger.

DIE LÖSUNG:
DER STILLE STUHL

Viele Eltern führen keinerlei Tischsitten ein, weil sie zu sehr darauf fixiert sind, dass ihre Kinder die zubereitete Mahlzeit auch wirklich essen. Das schlechte Benehmen der Kinder übersehen sie lieber. Wenn man darauf pocht, dass wenigstens die Grundregeln beachtet werden, kann es bei den Mahlzeiten vorübergehend noch schlimmer zugehen als bisher. Dennoch sollte man lieber diese kurze Zeit durchstehen, als jede Hoffnung auf ein harmonisches gemeinsames Essen zu begraben.

Es kann schon reichen, das Kind aufzufordern, sich zum Essen hinzusetzen. Bei aggressivem oder trotzigem Verhalten kommt der Stille Stuhl (siehe Seite 80) zum Einsatz. Die Wendung zum Besseren tritt sehr rasch ein.

Überfordern Sie das Kind aber nicht, was das Sitzen bei Tisch anbelangt. Eine Viertelstunde ist für Kinder unter fünf Jahren gewöhnlich das Maximum. Wenn das Kind mit dem Essen fertig ist und aufstehen möchte, sollten wir es gehen lassen. Langsame Esser hingegen sollte man nicht drängen. Wenn Sie Druck auf das Kind ausüben, wird Essen bald mit Angst verbunden sein.

DAS PROBLEM:
ZU VIELE SÜSSIGKEITEN

Dieses Problem ist ausnahmsweise ein reines Elternproblem. Wenn Kekse, Süßigkeiten, Kuchen, Schokolade und Chips verfügbar sind – wer kann dem Kind verdenken, dass es zugreift? Wenn es jedes Mal eine Kleinigkeit bekommt, wann immer es danach fragt, ist es nicht seine Schuld, wenn es beim Abendessen keinen Appetit verspürt.

Kinder, die den ganzen Tag Nahrungsmittel ohne besonderen Nährwert in sich hineinstopfen, haben zu den Hauptmahlzeiten keinen Hunger und hoffen ohnehin nur auf die nächste Zwischenmahlzeit. Limonade, Kekse und Süßigkeiten sorgen für ein ständiges Auf und Ab beim Blutzuckerspiegel. Kurz nach dem Verzehr von Zucker steigt der Blutzucker steil an. Dieser Energieschub äußert sich sofort in lautem Aktionismus. Bald darauf jedoch sackt der Blutzucker ab. Dann kann man sich auf Gejammer, Nörgelei oder gar einen Wutanfall einstellen. Stark salzhaltige Knabbereien mit vielen gesättigten Fetten ergeben vielleicht keine so dramatischen Schwankungen, sind jedoch nicht minder ungesund.

DIE LÖSUNG:
SÜSSIGKEITEN RATIONIEREN

★ Wenn ständiges Zwischendurchessen zum Problem geworden ist, kaufen Sie einfach eine Zeit lang keine Süßigkeiten mehr. Dann gibt es darum auch keinen Streit.

★ Süßigkeiten sollten nicht frei zugänglich sein. Packen Sie sie in eine »Naschkiste« und bewahren Sie diese außer Reichweite auf.

★ Wenn das Kind zwischen den Mahlzeiten Hunger hat oder weil es sich beim Spielen verausgabt hat, bekommt es gesunde Zwischenmahlzeiten, keine Zuckerbomben.

★ Um Süßigkeiten wird nicht verhandelt. Naschereien sind auch keine Belohnung für gutes Benehmen oder dafür, dass das Kind seine Mahlzeit aufisst.

★ Vor dem Essen wird nicht genascht. Kündigen Sie dem Kind rechtzeitig an, dass es bald Essen gibt.

DAS PROBLEM:
SCHLECHTE TISCHMANIEREN

Bis zum Alter von vier Jahren kann ein Kind wahrscheinlich noch nicht sehr geschickt mit Messer und Gabel umgehen. Wenn es deshalb noch ebenso oft die Finger wie die Gabel benutzt, ist dies nicht schlimm. Sie können dennoch ein Mindestmaß an Tischsitten einführen – zum Beispiel, dass man mit vollem Mund nicht vom Tisch aufsteht. Ab fünf Jahren kann man bessere Manieren einüben.

Schon von kleinen Kindern kann man »Bitte« und »Danke« erwarten. Das gehört zu den elementaren Regeln. Man sollte auch unmissverständlich klarstellen, dass man mit Essen nicht um sich wirft. Wenn ein Kleinkind zum ersten Mal die Wurst nach seiner Schwester wirft, ist das bestimmt eine komische Situation. Versuchen Sie trotzdem, sich das Lachen zu verkneifen. Ein lachender Erwachsener bestätigt dem Kind, dass sein Verhalten richtig war. Damit ermutigt man es zur Wiederholungsvorstellung.

DIE LÖSUNG:
AUF REGELN BESTEHEN

★ Machen Sie dem Kind klar, welches Benehmen Sie bei Tisch erwarten. Mit Essen werfen, Streiten, Schreien und Brüllen, Schlagen und anderes schlechtes Benehmen sind grundsätzlich unannehmbar. Bei aggressivem Verhalten und wiederholtem Übertreten der Regeln kommt der Stille Stuhl (siehe Seite 80) zum Einsatz.

★ Bringen Sie den Kindern bei, »Bitte« und »Danke« zu sagen. Nur wenn Sie selbst diese Worte häufig benutzen, werden sie auch für die Kinder selbstverständlich.

★ Erwarten Sie keine ordentlichen Manieren, bevor das Kind geschickt mit Messer und Gabel umgehen kann.

MEINE 10 GRUNDREGELN

SO WENDEN SIE MEINE ZEHN GOLDENEN REGELN BEIM THEMA ESSEN AN:

1. LOBEN UND BELOHNEN

Lob und Ermunterung sind das Wichtigste. Warten Sie nicht auf den perfekten Tag – loben Sie schon die positiven Kleinigkeiten. Nicht mit Süßigkeiten bestechen. Nicht loben, wenn ein Kind sich bei Tisch nachnimmt.

2. KONSEQUENT BLEIBEN

Halten Sie sich an einmal aufgestellte Regeln. Achten Sie darauf, dass auch Ihr Partner sich daran hält. Wenn Sie »noch drei Löffel« fordern, gehen Sie nicht auf zwei oder einen herunter. Ein Kind, das sein Essen nicht isst, bekommt auch nichts anderes.

3. TAGESABLAUF REGELN

Essenszeiten sind die Eckpfeiler des Tagesablaufs und sollten weitgehend eingehalten werden. Bei älteren Kindern kann man flexibler sein. Eine halbe Stunde früher oder später ist dann nicht mehr schlimm.

4. GRENZEN SETZEN

Eine feste Essenszeit ist eine wichtige Regel, keine Verhandlungssache. Dasselbe gilt für die vereinbarten Tischregeln und das grundsätzliche Verhalten bei Tisch.

5. DISZIPLIN WAHREN

Ein Kind, das nicht essen will, wird nicht bestraft. Doch unangemessenes Verhalten bei Tisch – Schlagen, mit Essen um sich werfen oder nicht sitzen bleiben – sollte Konsequenzen haben. Nutzen Sie den »Stillen Stuhl«.

6. ANKÜNDIGEN

Sagen Sie rechtzeitig Bescheid, wann es Essen gibt. Dann kann das Kind sich darauf einstellen, sein Spiel abzubrechen. Erwarten Sie nicht, dass ein Kind, das vom Herumtoben im Garten kommt, sofort ruhig bei Tisch sitzen kann. Geben Sie ihm etwas Zeit, um wieder auf den Teppich zu kommen. Sprechen Sie eine Warnung aus, wenn das Kind ungezogen ist, damit es sein Benehmen korrigieren kann.

7. ERKLÄREN

Erklären Sie einem Kind, das sich bei Tisch schlecht benimmt, warum dieses Verhalten inakzeptabel ist. Bei einem Kleinkind können Sie sich allerdings lange Erklärungen sparen. Es versteht noch nicht, was Sie meinen.

8. SICH ZURÜCKHALTEN

Zeitweiliges Herummäkeln am Essen wird ignoriert. Kostverächter suchen Aufmerksamkeit – reagieren Sie nicht darauf. Bieten Sie eine vielseitige Ernährung an und gestatten Sie den Kindern nicht, die Speisekarte zu diktieren. Übertragen Sie Ihre eigene Abneigung gegen bestimmte Speisen nicht auf die Kinder.

9. VERANTWORTUNG ÜBERTRAGEN

Lassen Sie ein kleines Kind ruhig selber essen, auch wenn es länger dauert und viel danebengeht. Bringen Sie den Kindern bei, »Bitte« und »Danke« zu sagen. Ältere Kinder dürfen beim Tischdecken helfen und andere kleine Aufgaben übernehmen.

10. ENTSPANNEN

Zu den Mahlzeiten sollte man fröhlich beieinander sitzen. Richten Sie es ein, dass die Familie so oft wie möglich gemeinsam isst.

Soziales Verhalten

Der richtige Umgang miteinander gehört zu den wichtigsten Lektionen im Leben eines Kindes. Kleine Kinder sehen in anderen Menschen oft lästige Hindernisse, die sie bei ihren Vorhaben stören. Es dauert eine Weile, bis ein Kind begreift, dass andere auch Gefühle haben und dass Teilen, andere drankommen lassen und freundlich sein gute Eigenschaften sind. Diese Einsicht muss sich langsam entwickeln. Doch Eltern können dem Kind deutlich machen, was Grenzen sind, und es in die richtige Richtung lenken.

Was Sie jederzeit und in jeder Phase tun können, ist, einfach mitzumachen und mit den Kindern zusammen Spaß haben. Nehmen Sie sich Zeit dafür! Vergessen Sie den perfekten Haushalt! Viele Eltern spielen einfach nicht genug mit ihren Sprösslingen, doch beim Spielen lernt ein Kind alles Mögliche – auch mit anderen Menschen klarzukommen. Ich möchte Eltern wirklich ermutigen, sich nicht komisch vorzukommen und einfach mit ihren Kindern herumzualbern. Tauchen Sie ein in die kindliche Welt und spielen Sie mit.

Spielen

Spielen ist für das Kind Vergnügen, aber es ist auch lehrreich. Vom sechs Monate alten Baby, das seine Rassel erforscht, indem es sie in den Mund steckt, über den Zweijährigen, der unbedingt einen runden Klotz in die eckige Aussparung hämmern will, bis hin zur Vierjährigen, die sich in ihrer Fantasiewelt verliert, finden Kinder beim unterhaltsamen Spielen ganz nebenbei mehr über ihre Welt und ihre Mitmenschen heraus.

Ohne genügend Möglichkeiten zum Spielen wird sich ein Kind bald langweilen. Wenn es sich langweilt, kriegt es schlechte Laune, wird unzufrieden – und bekommt bald Ärger. Zugleich lernt es nicht all das, was es beim Spielen lernen könnte, und damit meine ich nicht nur die geistigen Fähigkeiten, die »Lernspielzeug« ihm vermitteln soll. Beim Fußballspielen im Garten lässt es nicht nur Dampf ab. Es übt auch seine Koordination und andere motorische Fertigkeiten. Puzzles und Spiele, bei denen man sich hinsetzen und konzentrieren muss, trainieren die Aufmerksamkeitsspanne. Im Kindergarten ist es dann nicht eines jener zappeligen Kinder, die nie stillsitzen und zuhören können. Rollenspiele, »So tun als ob« und Verkleiden nähren die Fantasie. Malen und Zeichnen sind ein Ventil für Kreativität und helfen dem Kind, seine Feinmotorik zu entwickeln.

SO SPIELT DAS BABY

Schon Babys brauchen Stimulierung. Dieses Bedürfnis muss ebenso gestillt werden, wie sie Nahrung brauchen, wenn sie Hunger haben, oder eine frische Windel, wenn sie nass sind. Ein Baby kann die Welt ohne unsere Hilfe noch nicht erforschen, weil ihm die Koordination und die Mobilität dazu fehlen. Wenn Sie also ein Spielzeug in Sichtweite ablegen, regt es das Kind durch seine Farbe und Form an. Wenn Sie es hingegen in Reichweite legen, schlägt das Baby vielleicht dagegen und bringt es dazu, sich zu bewegen. Anfangs geschieht dies nur zufällig. Doch bald wird dieses »Versehen« wiederholt und wandelt sich zum Spiel. Dieses Spiel hat dem Kind gezeigt, wie es mit der Hand etwas bewegen kann – der Beginn der Koordination.

Sobald ein Kind laufen kann, wandelt sich das Spiel zur abenteuerlichen Forschungsexpedition. Alles wird angefasst. Wenn das Kind die Vielfalt, die es umgibt, auf sichere Weise erkunden kann, wird so sein Lernbedürfnis befriedigt. Das ist die große Zeit des Improvisierens: Holzlöffel, Soßenkellen, Plastiktassen – praktisch alles im Küchenschrank, was nicht gefährlich werden kann – machen das Baby glücklich und bringen ihm ebenso viel bei wie Wagenladungen teuren Spielzeugs.

SO SPIELT DAS KLEINKIND

Für ein Kleinkind birgt Spielen gleichermaßen die Gelegenheit für Enttäuschungen wie für beglücktes Entdecken. Ihre Tochter will diese Form in die Schachtel dort stecken. Schließlich haben Sie das eben auch gemacht. Der Bruder konnte es ebenfalls, aber sie bekommt es noch nicht hin. Sie können nicht alles wegräumen, was Ihr Töchterchen frustrieren könnte – sonst lernt es nie, was es auf diese Weise lernen muss –, aber Sie können es mit einem anderen Spielzeug ablenken, mit dem etwas vielleicht leichter geht. Oder Sie legen Ihre Hände über die des Mädchens und helfen ihm dabei, das Ding einzustecken. So lernt es, hat aber immer noch das Gefühl, es allein geschafft zu haben.

Erwarten Sie in diesem Alter noch keine lange Konzentrationsspanne und auch kein Miteinander-Spielen. Vielleicht spielt Ihr kleiner Sohn friedlich neben einem anderen Kind und bekommt kaum etwas von diesem mit. Wenn er den anderen bemerkt, geht es wahrscheinlich nur um das äußerst interessante Spielzeug, dass dieser gerade hat. Damit würde er selbst jetzt gern spielen. Und schon hat er es sich geschnappt.

GEMEINSAMES SPIEL

Bis Kinder lernen, mit anderen Kindern zu spielen, zu teilen und zu kooperieren, müssen Erwachsene ihnen beim Spielen helfen. Doch das geht selten reibungslos ab. Sie haben etwas zu tun, und wenn das Kind fröhlich vor sich hin spielt, glauben Sie, nun könnten Sie endlich Ihre Aufgaben erledigen. Ihr Kind hingegen sieht in der Spielzeit den idealen Zeitpunkt, sich mit Ihnen zu vergnügen. Sobald Sie sich also anderen Dingen zuwenden, macht es Ihnen klar, dass es gern mehr Aufmerksamkeit hätte – notfalls indem es Theater macht. Trennen Sie deshalb die Zeiten der Hausarbeit von der Spielzeit.

MITMACHEN UND MITMACHEN LASSEN

Für kleine Kinder besteht kein so elementarer Unterschied zwischen »Arbeiten« und »Spielen« wie für ihre Eltern. Alles kann Spaß machen, auch Autowaschen. In diesem Stadium ist es also ideal, wenn das Kind sich beteiligen darf. Das Prinzip wurde bereits im Abschnitt »Sich helfen lassen« (siehe Seite 76) erklärt. Es ist die ideale Methode, dem Kind Aufmerksamkeit zu schenken, wenn Sie gerade etwas anderes zu tun haben. Wenn es neben Ihnen auf einem Stuhl steht und munter die Möhren wäscht, sind Sie kein Sklaventreiber und brummen dem Kind auch keine lästige Hausarbeit auf. Es ist rundum glücklich!

Beim Thema »andere drankommen lassen« und »Teilen« braucht ein Kind klare Vorgaben. Einfache Spiele für zwei oder mehr Mitspieler können dazu beitragen, dass es einen Sinn für Geben und Nehmen entwickelt. Überlassen Sie die Kinder dabei nicht sich selbst, sondern setzen Sie sich dazu und erklären Sie das Spiel, damit sie die Regeln verstehen. Bringen Sie ihnen bei, wie man beim Spielen fair miteinander umgeht: »Jetzt ist Linda dran.«

Wenn Kinder schön miteinander spielen, sollte man sie in Frieden lassen. Sie müssen nicht ständig beaufsichtigt oder bevormundet werden. Sie entwickeln ihre eigenen Beziehungen und lernen, Streitereien und Kabbeleien selbst auszutragen, wenn man sich nicht dauernd als Schiedsrichter anbietet.

SPIELZEUG

Spielzeug vermehrt sich rasend schnell. Gestern hat das gesamte Babyspielzeug noch in einen einzigen Korb gepasst. Nach den ersten Geburtstagen und Weihnachtsfesten wissen Sie, dass Sie eigentlich ein Haus haben – irgendwo unter den vielen Legosteinen.

Kinder sind verrückt nach Spielzeug, und wir beschenken sie nur allzu gern damit. Aber Spielzeug kann auch zu etwas werden, worum die Kinder verhandeln oder kämpfen, wonach sie betteln – und was sie nicht aufräumen wollen. Dann wird Spielzeug zum Streitpunkt.

Manchmal schenken Eltern ihren Kindern Spielsachen, weil sie sich schuldig fühlen, dass sie nicht mehr Zeit mit ihnen verbringen. Andere nutzen kleine Geschenke regelmäßig als Bestechung oder als Belohnung für halbwegs anständiges Benehmen. In allen diesen Fällen erfüllt Spielzeug nicht seinen eigentlichen Sinn, sondern hat in erster Linie mit den elterlichen Gefühlen zu tun. Wer Spielzeug auf diese Weise einsetzt, riskiert, dass sein Kind ihn bewusst manipuliert.

NICHT ZU VIEL AUF EINMAL

Kleine Kinder brauchen Spielsachen. Sie brauchen aber nichts Kostspieliges und sicher keinen halben Spielwarenladen. Dabei geht es nicht nur darum, dass ein Kind zu schätzen lernt, was es hat. Ältere Kinder müssen lernen, auf das zu achten, was ihnen gehört, doch für Zweijährige ist diese Vorstellung noch viel zu weit weg. Wenn kleine Kinder zwischen hundert Spielsachen sitzen, die alle griffbereit liegen, sind sie von diesen unzähligen Wahlmöglichkeiten überfordert. Es muss nicht alles gleichzeitig ausgepackt sein. Wenn man Spielzeug zwischendurch aus dem Blickfeld räumt, können kleine Kinder sich leichter auf ihr Tun konzentrieren. Sie sind von dem großen Angebot weniger überwältigt. Werden diese weggepackten Sachen später wieder hervorgeholt, so sind sie für das Kind wie neu. Außerdem erleichtert diese Strategie das Aufräumen ganz erheblich.

AUFRÄUMEN

Wenn die Wohnung zwei Minuten nach dem Aufräumen schon wieder aussieht, als hätte gerade eine Bombe eingeschlagen, fühlt man sich mitunter versucht, es einfach so zu lassen. Angesichts des endlosen Aufräumens oder der ergebnislosen Anstrengungen, die Kinder zum Aufräumen zu bewegen, entscheiden viele Eltern sich dafür, lieber vorläufig mit dem Chaos zu leben. Dummerweise dauert das Chaos mitunter Jahre an. Das muss nicht so sein, und es sollte auch nicht so sein.

Manchen Eltern ist einfach die eigene Zeit zu schade, um sie mit Aufräumen zu verbringen. Dabei vergessen sie jedoch, dass auch das Chaos Zeit verschlingt und sogar teuer werden kann, wenn man stundenlang nach verlorenen Puzzleteilen fahndet oder Geld für Ersatz ausgeben muss. Eine chaotische, unordentliche Umgebung lässt das Kind in dem Glauben, dass es mit seinem Eigentum nicht sorgsam umzugehen braucht. Dann aber entwickelt es auch keinen Respekt vor dem Eigentum anderer.

Wenn überall Spielzeug herumfliegt, kann das Kind nur schwer begreifen, dass Sie noch einen Ort im Haus oder irgendein Ding für sich beanspruchen möchten. Mir ist zudem aufgefallen, dass Unordnung die Durchsetzung von Disziplin enorm erschwert. Das heißt nicht, dass alles perfekt aufgeräumt sein sollte und man ständig die Sofakissen zurechtklopfen muss. Doch eine gewisse Grundordnung ist wichtig.

Schon ein Kleinkind kann man dazu auffordern, sich am Aufräumen zu beteiligen – sich helfen lassen heißt die Devise. Reichlich Lob wirkt dabei Wunder. Das Spielzeug muss nicht in der richtigen Kiste landen. Man muss auch nicht unbedingt alles aufräumen. Doch wer Aufräumen zum Spiel macht und die Kinder zur Mithilfe animiert, schafft ein solides Fundament für später. Sortieren Sie unterschiedliches Spielzeug in verschiedenfarbige Kisten. Dann kann das Kind viel leichter mithelfen. Auch ein Spiel kann lustig sein: »Wer findet das meiste?« Ältere Kinder müssen wissen, dass es gewisse Ordnungsregeln gibt sowie Orte im Haus, wo man nicht ständig auf irgendwelches Spielzeug treten möchte.

Und das können Sie tun:

- Ersparen Sie sich Arbeit: Es muss nicht alles gleichzeitig hervorgeholt werden. Packen Sie nicht benötigtes Spielzeug immer wieder weg.

- Bastelmaterial, Stifte und Farben außer Reichweite aufbewahren. »Schmuddel-Aktionen« sollten dort stattfinden, wo man anschließend leicht sauber machen kann.

- Erklären Sie, wie man aufräumt, aber erwarten Sie keine Perfektion.

- Man kann das Spielzeug den ganzen Tag im Spielzimmer liegen lassen oder jeden zweiten Tag aufräumen. Dann kann man die Tür zu diesem Zimmer zumachen. Dennoch sollte die Unordnung nicht monatelang bestehen bleiben.

Wie viel Fernsehen?

»Viel zu viel«, lautet die Antwort häufig. In manchen Familien läuft der Fernseher rund um die Uhr. Kinder, die ständig vor dem Fernseher hocken, bekommen nicht genug Bewegung und entwickeln keine eigene Fantasie. Die Reizüberflutung führt zu innerer Unruhe und verkürzt die Aufmerksamkeitsspanne.

Fast ebenso schlimm ist ein Fernseher, der läuft, ohne dass jemand zuschaut. Er erhöht nur den Geräuschpegel und das allgemeine Durcheinander.

So bekommen Sie den Fernsehkonsum der Kinder in den Griff:

- Die Fernbedienung gehört in Elternhand. Sie entscheiden, wie lange die Kinder fernsehen dürfen und welches Programm angeschaut wird. Ältere Kinder können in die Entscheidung einbezogen werden.

- Der Fernseher ist kein Babysitter. Aber wenn Sie Ihre Tochter Samstag früh *Schneewittchen* auf Video ansehen lassen, damit Sie eine halbe Stunde länger schlafen können, müssen Sie kein schlechtes Gewissen haben. Sie befinden sich vielmehr in bester Gesellschaft. Ebenso ist es völlig akzeptabel, dem Sohn einen Videofilm anzustellen, während Sie auf der Couch die kleine Schwester stillen. Der Fernseher kann durchaus klug verwendet werden.

- Vor dem Schlafengehen keine wilden Trickfilme mehr anschauen und Computerspiele machen lassen. Statt müde werden die Kinder dann nämlich munter.

- Fernsehsendungen, die einem Kind Angst machen, sind tabu. Manche Kinder fürchten sich sogar bei Kinderfilmen oder Trickserien. Behalten Sie das Programm ebenso im Auge wie die Reaktionen Ihrer Kinder darauf.

Gemeinsames Spiel, gemeinsamer Spaß

Mit abwechslungsreichen Aktivitäten haben Sie bei Kindern bessere Karten. Spielen bedeutet nicht nur Spielzeug. Zum Spielen gehören Spaziergänge und Ausflüge, im Garten herumtoben, Spaß mit Farben und Knete oder »So tun als ob«. Beim Spiel muss es auch nicht immer ungestüm und laut zugehen. Stille Beschäftigungen können ebenso vergnüglich sein.

- Das Kind wählt das Spiel selbst aus.

- Ermutigen Sie das Kind zum Experimentieren. Machen Sie vor, wie etwas geht, aber dann soll es selber probieren. So lernt es.

- Nicht alles so ernst nehmen. Seien Sie ruhig mal albern, machen Sie fröhlich mit. Das Kind bestimmt den Spielverlauf.

- Wenn man bei Regen nicht nach draußen kann, ist Improvisation angesagt. Bauen Sie aus alten Bettlaken und Decken eine Höhle unter dem Tisch oder auf dem Sofa.

- Regen Sie die Fantasie Ihrer Kinder an. Mit abgelegten Kleidern von Mama und Papa kann es sich prächtig beim Rollenspiel vergnügen.

- Drängen Sie dem Kind kein Spielzeug auf, für das es noch zu klein ist. Seine Entwicklung wird dadurch nicht beschleunigt, und wenn es nichts damit anfangen kann, landet das Teil schnell in der Ecke. Altersempfehlungen werden nicht nur aus Sicherheitsgründen ausgesprochen.

- Kaufen Sie kein teures, kompliziertes Spielzeug für Kinder, die damit noch nicht richtig umgehen können. Wenn es kaputtgeht, ist es nur rausgeschmissenes Geld.

- Gehen Sie so oft wie möglich nach draußen. Kinder brauchen frische Luft und Platz zum Herumtollen, wo sie ihre überschüssige Energie loswerden können. Genau wie wir Erwachsenen!

DAS PROBLEM:
RAUFEN UND AGGRES-SIVES VERHALTEN

Streitereien können die unterschiedlichsten Gründe haben. Kleine Kinder handeln oft unmittelbar aus dem Impuls heraus. Sie denken nicht daran, dass es dem anderen wehtut, wenn man ihn tritt. Manchmal schlagen sie auch zu, weil sie sich nicht anders ausdrücken können.

Ältere Kinder lernen schnell, dass Schlagen, Beißen und andere Formen aggressiven Verhaltens auf der Stelle Aufmerksamkeit einbringen. Negative Aufmerksamkeit ist besser als gar keine! Auch Eifersucht kann die Ursache sein, genau wie eine noch unklare Vorstellung von Teilen und Zusammenwirken. Bei einem Spiel zu verlieren oder die Weigerung, ein Spielzeug herzugeben, kann einen Tobsuchtsanfall hervorrufen.

Es gibt einen Unterschied zwischen einer Kabbelei oder einem Zank und einem richtigen Kampf. Mischen Sie sich nicht in jeden Streit ein! Lassen Sie die Kinder erst einmal versuchen, sich selber zu einigen. Bei echten Kämpfen sieht die Sache anders aus.

Zum einen müssen die Gründe für die Aggressionen herausgefunden werden, aber ebenso wichtig ist es, den Kindern klar zu machen, dass ihr Verhalten nicht geduldet wird. Wer zu Hause mit seinem aggressiven Auftreten durchkommt, wird dieses Benehmen auch im Haus des Spielkameraden, auf dem Spielplatz, im Kindergarten oder in der Schule für akzeptiert halten.

DIE LÖSUNG:
DER STILLE STUHL

Kämpfe und Aggressionen sollte man bei kleinen Kindern gleich im Keim ersticken. Sobald das Kind aber erkennbar alt genug ist, sein Tun zu begreifen, kommt der Stille Stuhl zum Einsatz (siehe Seite 80), um zu demonstrieren, dass es mit seinem Verhalten keinesfalls durchkommt. Hier gibt es keinen anderen Weg als null Toleranz. Bei einem älteren Kind, das es besser wissen sollte, können Sie die »Schluss-mit-lustig«-Methode anwenden (siehe Seite 84).

Wenn die Kämpfe immer beim Spielen ausbrechen, sollten Sie dem Kind in der Situation klar machen, was gemeinsames Spielen bedeutet. Nach dieser Unterbrechung setzen Sie sich zu den Kindern dazu, spielen mit ihnen und zeigen ihnen, wie man sich gegenseitig abwechselt.

DAS PROBLEM:
ZERSTÖRUNGSWUT

Wenn Sie einem Baby ein Buch geben, wird es die Papierseiten annagen, zerknüllen, zerreißen, daran saugen oder sie anderweitig erforschen. Das ist ebenso wenig Lust am Zerstören wie bei dem Kleinkind, das gegen einen Tisch läuft und dabei die Vase umwirft. So etwas ist ein Unfall (den der Erwachsene hätte verhindern können). Zupft hingegen der Vierjährige die Tapete von der Kinderzimmerwand und schreibt mit Filzstift auf die Türen oder zerbricht er das neue Spielzeug innerhalb der ersten zehn Minuten, dann müssen Eltern deutlich machen, dass das kein Spaß ist und sie in diesem Punkt auch keinen Spaß verstehen.

DIE LÖSUNG:
ACHTSAMKEIT LEHREN

Sie müssen dem Kind die Regeln beibringen. Erklären Sie ihm, dass es keinesfalls erlaubt ist, Wände zu bemalen, Tapeten abzureißen oder Spielsachen kaputtzumachen. Helfen Sie mit dem Stillen Stuhl (siehe Seite 80) nach. Notfalls müssen Sie auch einmal ein Spielzeug einkassieren (siehe Seite 86) oder die Anzahl der Spielsachen merklich begrenzen, bis das Kind begriffen hat, dass es mit seinen Sachen achtsam umgehen muss.

Gleichzeitig sollten Sie sich kritisch umsehen. Wenn zu Hause totales Chaos herrscht, kann das Kind nur schwer begreifen, dass es wichtig ist, Umgebung und Besitz zu respektieren. Um in dieser Hinsicht – und in vielerlei anderer Hinsicht – Disziplin durchzusetzen, muss der Haushalt nicht perfekt sein, aber doch halbwegs ordentlich.

Unsicherheit in Verhaltensfragen

Eltern bewegen sich oft auf unklarem Terrain. Wenn ein Kind das Essen ausspuckt oder damit um sich wirft, ist die Sache klar. Ebenso wenn es ein anderes Kind schlägt. Was aber ist mit Quengeln und Nörgeln? Was ist mit schüchternem Benehmen?

Kinder sind die geborenen Nachahmer. Bis sie zum ersten Mal den Schulhof betreten, kann man Schimpfwörter schlecht anderen Kindern in die Schuhe schieben. Wahrscheinlich haben sie diese Wörter von Ihnen gehört, und wenn sie zum ersten Mal damit herausrücken, geschieht dies hundertprozentig bei jemandem, dessen Ohren so etwas am allerwenigsten hören sollten. Zum Beispiel Oma oder Opa.

Zuallererst muss daher das eigene Verhalten überprüft werden. Abstrakte Vorgaben helfen bei Kindern nichts. Wir dürfen nicht das eine predigen und das andere tun und dann erwarten, dass die Kinder unseren Worten folgen. Daneben kann positive Verstärkung in Form von Lob für gutes Benehmen in solchen »Grauzonen« viel bewirken.

DAS PROBLEM:
QUENGELN

Kinder schnappen alles auf. Wenn Sie sich permanent beklagen, wird Ihr Kind diesen Tonfall übernehmen und an Ihnen testen. Sein ständiges Gejammer macht mürbe, bis es schließlich bekommt, was es will.

DIE LÖSUNG:
NICHT NACHGEBEN

Geben Sie Gequengel niemals nach, sonst lernt das Kind, dass es auf diese Weise garantiert zum Ziel kommt. Wenn Ihre kleine Tochter nach einem Keks quengelt, den sie aber nicht haben soll, erklären Sie ihr a) dass sie den Keks nicht bekommt, weil es gleich Essen gibt, und b) dass Quengeln nicht die richtige Art ist, um etwas zu bitten.

Wenn sie wegen etwas quengelt, das sie gern haben kann, erklärt man ihr, dass sie es sofort bekommt, wenn sie auf die richtige Weise darum bittet. Zeigen Sie ihr, welches Verhalten Sie erwarten: »Quengle nicht wegen Saft.« Imitieren Sie ihre Quengelstimme und das dazugehörige Gesicht. Wenn ich das bei Kindern mache, kringeln sie sich vor Lachen. Auf jeden Fall kommt die Botschaft an.

Danach machen Sie Ihrem Töchterchen vor, wie man richtig fragt: »Du bekommst Saft, wenn du darum bittest. Sag: ›Gibst du mir bitte Saft?‹ Jetzt probier's mal!«

DAS PROBLEM:
SCHÜCHTERNHEIT

Kleine Kinder sind in Gegenwart fremder Menschen oft scheu. In der Phase, in der das Kind noch sehr an der Mutter oder der Hauptbezugsperson hängt und jede Trennung fürchtet, ist das ganz natürlich und hat nichts mit Schüchternheit zu tun. Schenken Sie solchem Verhalten keine große Beachtung und lassen Sie sich nicht verleiten, den kleinen Sohn oder die Tochter als »schüchtern« zu bezeichnen. Aber auch mit »niedlichem« Benehmen hat das nichts zu tun.

An einer gewissen Zurückhaltung ist nichts auszusetzen. Manche Kinder sind von Natur aus offener als andere. Große Schüchternheit kann bei älteren Kindern jedoch problematisch sein, etwa wenn man Gäste hat oder zu Freunden geht. Wenn Sie diesen Punkt nicht in den Griff bekommen, könnte der Übergang in die Schulzeit schwierig werden.

Manche Kinder verschaffen sich durch Schüchternheit auch ein Plus an Aufmerksamkeit oder drücken sich auf diese Weise vor unangenehmen Aufgaben.

DIE LÖSUNG:
VORMACHEN UND ERKLÄREN

Lassen Sie einem schüchternen Kind keine gesteigerte Aufmerksamkeit zukommen. Verdeutlichen Sie ihm, welches Benehmen Sie in Gegenwart anderer Menschen von ihm erwarten. Stärken Sie auf lockere Art sein Selbstbewusstsein. Ein Kind sollte von Anfang an immer wieder mit anderen zusammenkommen, besonders auch mit anderen Kindern.

Das Kind muss lernen, dass es höflich und freundlich ist, andere Menschen zu begrüßen. Bereiten Sie es auf neue Situationen vor, damit es sich nicht aus Unsicherheit drückt. Zeigen Sie ihm, wie man sich selbstsicher unter anderen bewegt, ob auf dem Spielplatz, bei Freunden oder in der Spielgruppe. Lassen Sie nicht zu, dass es sich in seine eigene kleine Schüchternheitsecke verkriecht.

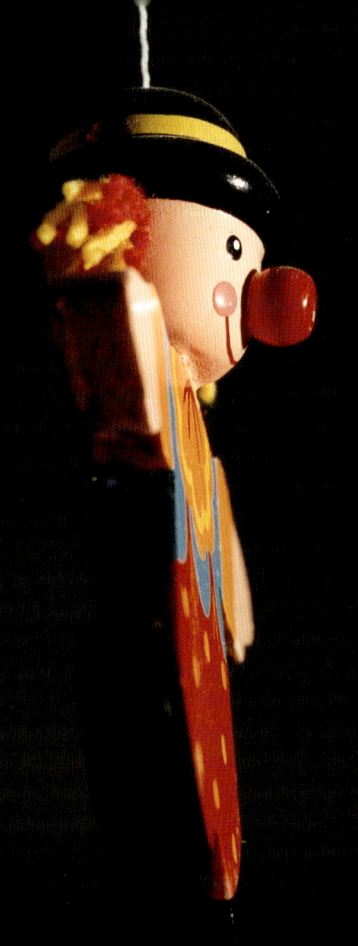

DAS PROBLEM:
ÄNGSTE

Kleine Kinder fürchten sich vor vielem –
vor lauten Geräuschen, vor Wasser, Hunden, Hexen und anderen Ausgeburten
ihrer lebhaften Fantasie. Nehmen Sie
solche Ängste stets ernst. Für das Kind
sind sie sehr ernst.

Viele Ängste sind für bestimmte
Altersstufen typisch. Im Alter von ein
bis zwei Jahren jagt Kindern oft der
Staubsauger und andere Haushalts-
geräte, zum Beispiel Küchenmaschinen,
einen Schreck ein. Mit etwa vier Jahren
fürchten sich viele Kinder vor Hunden.
Irrationale Ängste kennzeichnen die
Phase, in der noch keine klare Trennung
zwischen Fantasie und Realität existiert.
Das bedeutet jedoch nicht, dass die Angst
weniger real wäre.

Nach einer gruseligen Fernseh-
sendung kann ein Kind schon mal einen
Albtraum bekommen. Manche Kinder
fürchten sich sogar vor Disney- und
anderen Trickfilmen. Behalten Sie das
gewählte Programm und die Reaktion
ihrer Kinder im Auge. Schalten Sie
gegebenenfalls ab.

DIE LÖSUNG:
TRÖSTEN UND VERTRAUT MACHEN

Wenn ein Kind Angst hat, braucht es zuallererst Trost und Sicherheit. Erklärungen können warten. Die Angst vor dem Staubsauger vergeht gewöhnlich von selbst. Bis es so weit ist, sollten Sie das Kind schrittweise an den Staubsauger, den Mixer oder ein anderes Furcht einflößendes Gerät gewöhnen. Nehmen Sie Ihr Kind mit in dasselbe Zimmer, wo es gebührenden Abstand von dem Apparat halten darf. Kündigen Sie an, dass Sie das Gerät benutzen werden. Zuerst wird es einige Male an- und ausgeschaltet, damit das Kind mit dem Geräusch vertraut wird, das es in Panik versetzt. Anschließend benutzen Sie das Gerät, aber immer in einigem Abstand vom Kind.

Andere Ängste, zum Beispiel die Angst vorm Wasser oder vor Hunden, lassen sich überwinden, indem man das Kind allmählich und zwanglos an das gewöhnt, wovor es sich fürchtet. Versetzen Sie sich ruhig mal in seine Lage. Aus der Warte eines Erwachsenen wirkt ein Hund vielleicht nicht besonders bedrohlich. Ihr Vierjähriger sieht sich einem viel größeren Tier gegenüber, das zudem direkt auf Augenhöhe mit ihm ist. Sobald er sich nicht mehr verängstigt an sie klammert und sein Gesicht verbirgt, hat das Tier für ihn bereits an Schrecken verloren.

VERTRAUEN SCHENKEN

Tun Sie die Ängste Ihres Kindes nicht einfach ab, wenn es Sie zum ersten Mal wegen eines Albtraums weckt. Es muss von Anfang an das Gefühl haben, mit Ihnen über das reden zu dürfen, was es erschreckt.

Wenn das Kind aus einem Albtraum hochgeschreckt ist oder sich etwas Schreckliches vorgestellt hat, bringt man es wieder ins Bett und tröstet es dort. Vielleicht hat der seltsame Schatten eines Spielzeugs es erschreckt. Bleiben Sie im Dunkeln bei dem Kind sitzen und zeigen Sie ihm, dass es nur der Schatten seiner Lieblingspuppe ist. Die Tür kann anschließend einen Spalt offen bleiben, und das Licht im Flur darf brennen. Sobald sich das Kind wieder beruhigt hat, teilen Sie ihm mit, wohin Sie gehen und was Sie vorhaben: »Ich gehe wieder runter. Wenn du mich brauchst, bin ich da. Ich mache mir jetzt etwas zu essen, und dann sehe ich noch fern.« Sorgen Sie dafür, dass es sein Lieblingskuscheltier und die Schmusedecke hat.

Mit Kindern unterwegs

Kinder sind wahre Meister darin, uns auflaufen zu lassen. Genau
dann, wenn es für uns am peinlichsten ist, nämlich in aller Öffentlich-
keit, benehmen sie sich unmöglich. Kein Wunder – denn Ihr Kind liest
in Ihnen wie in einem Buch. Bevor Sie überhaupt das Haus verlassen,
hat es registriert, ob Sie gestresst, angespannt oder nervös sind. Vielleicht haben Sie es ihm sogar besonders leicht gemacht, indem Sie
gesagt haben: »Wir gehen in den Supermarkt, aber heute benimmst
du dich, hörst du?«

Die andere Seite der Medaille sind gefährliche Situationen. Mit
kleinen Kindern an einer Straße entlangzugehen oder Auto zu fahren
ist riskant. Ehe ein Kind alt genug ist, um den Sinn von Sicherheits-
maßnahmen zu begreifen, ist der Sicherheitsgurt nur eine weitere
Einschränkung, die es vielleicht bis an die Schmerzgrenze austestet.

DAS PROBLEM:
STRESS BEIM EINKAUFEN

Kleine Kinder führen sich im Supermarkt oft unartig auf. Sie quengeln, um aus dem Wagen zu kommen, rennen die Gänge entlang, ziehen Ware aus den Regalen, betteln um Süßigkeiten und – wenn das alles nichts hilft – kriegen an der Kasse einen Wutanfall.

Viele Eltern sehen dem wöchentlichen Großeinkauf oder jeder anderen Einkaufstour daher mit Grausen entgegen. Manche fürchten den Stress beim Einkaufen so sehr, dass sie ihre Kinder nie mitnehmen.

DIE LÖSUNG:
DAS KIND MITHELFEN LASSEN

Auch wenn Sie den Wocheneinkauf lästig finden, brauchen Sie das Ihrem Kind nicht zu verraten. Kinder drehen im Supermarkt auf, weil sie sich langweilen, weil die Eltern abgelenkt und beschäftigt sind – und weil sie wissen, dass sie damit die perfekte Gelegenheit haben, Ihnen auf der Nase herumzutanzen.

Bei kleinen Kindern wirkt es Wunder, wenn man sich helfen lässt. Machen Sie aus der Einkaufstour einen aufregenden Ausflug. Geben Sie dem Kind etwas zu tun.

Wenn ich mit einem Kind einkaufen gehe, bekommt es seine eigene Einkaufsliste. Ich nehme die große Liste, das Kind hat eine kleine mit wenigen Punkten, für die es verantwortlich ist – ganz normale Dinge wie Brot, Milch, Orangen und Saft. Während wir den Wagen durch die Gänge schieben, erinnere ich es immer wieder an seine Liste und fordere es auf, nach diesen Dingen Ausschau zu halten: »Hast du die Milch schon entdeckt?«

Auf der Miniliste können statt Wörtern auch Bilder stehen. Andererseits können sich schon kleine Kinder eine kurze Liste mit drei bis vier Punkten einprägen. Achten Sie darauf, dass etwas dabei ist, was man gleich zu Anfang findet, etwas aus den mittleren Gängen und etwas, bevor Sie zur Kasse gehen, damit das Spiel die ganze Zeit anhält.

DAS PROBLEM:
STRESS IM AUTO

Die unterste Stufe aller Probleme bei längeren Autofahrten ist der Satz: »Sind wir bald da?«, mit dem uns das Kind in Zehn-Sekunden-Intervallen klar macht, dass diese ganze Fahrt schon viel zu lange dauert. Es hat die Nase voll. Für gewöhnlich beginnt dieser Refrain, sobald man aus der Auffahrt rollt.

Sitzen mehrere Kinder auf der Rückbank, führt Langeweile rasch zu Kabbeleien und Rangeleien. Im schlimmsten Fall versucht ein Kind vielleicht, sich aus dem Kindersitz zu befreien oder den Sicherheitsgurt zu lösen.

Mitunter rasten Kinder im Auto aus, weil sie Angst haben. Und manchmal ist die eigentliche Ursache Reisekrankheit. Wenn dem Kind beim Autofahren (oder beim Zugfahren) übel wird, bekommt es (nach anfänglichem Kreischen und Weinen) ein aschfahles Gesicht, kurz darauf muss es sich übergeben. Besorgen Sie sich ein Mittel gegen Reisekrankheit, wenn Sie glauben, dass Ihr Kind darunter leidet. Achten Sie außerdem darauf, dass es im Auto nicht heiß und stickig wird. Auch davon werden Kinder unleidlich.

DIE LÖSUNG:
ABLENKEN UND
BERUHIGEN

Autofahrten sollten abwechslungsreich gestaltet werden. Zum Beispiel könnte das Kind sein Lieblingsspielzeug mitnehmen. Man kann Kassetten und Hörbücher auflegen oder unterwegs auf interessante Dinge hinweisen. Ältere Kinder spielen gern Suchspiele: »Wie viele rote Autos kannst du sehen?« oder »Ich sehe was, was du nicht siehst.«

Macht das Kind im Auto Theater oder entwindet sich dem Kindersitz oder dem Gurt, halten Sie bei nächster Gelegenheit an. Tobende Kinder sind im Auto ernstlich in Gefahr. Deshalb ist es verboten, sie unangeschnallt zu befördern. Setzen Sie das Kind wieder auf seinen Sitz, schnallen Sie es an und lassen Sie sich dabei weder von den steifen Beinen noch von dem durchgedrückten Rücken noch von dem Wutanfall beeindrucken, der vielleicht folgt. Nicht weiterfahren, ehe es sich wieder einigermaßen beruhigt hat. Erklären Sie mit strenger Stimme, wie wichtig es ist, dass es jetzt sitzen bleibt.

DAS PROBLEM:
KLEINE AUSREISSER

Für fast jedes Klammerkind gibt es auf der anderen Seite ein Kind, das jede Gelegenheit nutzt zu entwischen – ob auf dem Spielplatz, auf der Straße oder im Laden. Eben war es noch an der Hand, und plötzlich schlägt Ihnen das Herz bis zum Hals. Das Kind spielt einfach nur an einem neuen, aufregenden Ort Fangen oder Verstecken. Eltern hingegen schwitzen Blut und Wasser, bis sie ihren Sprössling unversehrt wiederhaben.

DIE LÖSUNG:
ERKLÄRUNGEN,
ERKLÄRUNGEN

Machen Sie dem Kind in aller Deutlichkeit klar, dass es die Straße ausschließlich an der Hand überqueren darf. Erklären Sie ihm den Grund. Es soll auf positive Weise lernen dürfen. Die Lektion muss an jeder Kreuzung wiederholt werden, wieder und wieder: »Was machen wir jetzt? Wir halten uns an den Händen. Wir schauen uns um, ob ein Auto kommt. Wir sehen in beide Richtungen, und wenn nichts kommt, gehen wir über die Straße.« Das kann man nicht oft genug wiederholen. »Schau zur Ampel. Siehst du das grüne Männchen? Wenn das grüne Männchen erscheint, dürfen wir über die Straße gehen.«

Wenn Sie mit dem Kind auf den Spielplatz gehen, müssen Sie ihm genau erklären, wie weit es sich entfernen darf: »Bleib in der Nähe der Rutsche, wo ich dich sehen kann.« So bauen Sie Vertrauen auf. Wenn das Kind wegläuft, holt man es zurück und behält es an der Hand. Es kann sich auch in den Buggy setzen oder sich daran festhalten. Das ist, als würde man imaginäre Zügel anlegen.

MEINE 10 GRUNDREGELN

SO WENDEN SIE MEINE ZEHN GOLDENEN REGELN AN, WENN ES UM SOZIALES VERHALTEN GEHT:

1. LOBEN UND BELOHNEN

Bei der Vermittlung sozialer Fähigkeiten kommt es auf Lob und positive Bestärkung an. Schenken Sie erwünschtem Verhalten Beachtung. Machen Sie nicht ständig kleine Geschenke.

2. KONSEQUENT BLEIBEN

Regeln sollten nicht verändert oder überstürzt festgelegt werden. Halten Sie an Regeln fest und lassen Sie sich vom Partner den Rücken stärken. Wichtige Regeln, zum Beispiel im Straßenverkehr, müssen immer wieder eingeübt werden.

3. TAGESABLAUF REGELN

Planen Sie Spielzeiten ein, drinnen und draußen. Sehen Sie unterschiedliche Spiele vor und denken Sie daran, sich auch etwas für Regentage auszudenken oder bereitzulegen. Die Kinder sollten so oft wie möglich ins Freie, damit sie Dampf ablassen können.

4. GRENZEN SETZEN

Teilen Sie den Kindern klar und unmissverständlich mit, welches Verhalten Sie nicht akzeptieren. Fernsehzeiten sollten begrenzt werden. Ordnung halten und Aufräumen lehrt Respekt vor Eigentum. Geben Sie nicht nach, wenn die Kinder herumjammern.

5. DISZIPLIN WAHREN

Setzen Sie bei nicht hinnehmbarem Benehmen wie Raufereien und Aggressionen den »Stillen Stuhl« ein.

6. ANKÜNDIGEN

Kündigen Sie immer an, was als Nächstes geschieht, damit das Kind sich darauf einstellen kann. Einer Disziplinierungsmaßnahme sollte stets eine Warnung vorausgehen, damit das Kind sein Benehmen selbst korrigieren kann.

7. ERKLÄREN

Zeigen und sagen Sie Ihrem Kind, welches Benehmen Sie von ihm erwarten. Seien Sie ein gutes Vorbild. In Bereichen, wo Sie sich unsicher sind, immer über die Gründe für Befürchtungen sprechen. Bringen Sie den Kindern Spiele mit Spielregeln und das Spielen mit Spielzeug bei.

8. SICH ZURÜCKHALTEN

Kaufen Sie nicht das ganze Spielwarengeschäft leer. Improvisiertes Spielzeug macht häufig genauso viel Spaß. Packen Sie immer mal wieder ein Spielzeug beiseite, damit nicht alles gleichzeitig zur Verfügung steht. Beim Fernsehen und am Computer darauf achten, was die Kinder sich ansehen.

9. VERANTWORTUNG ÜBERTRAGEN

Lehren Sie das Kind teilen und sich mit anderen abwechseln. Aber lassen Sie Kinder ruhig auch einmal allein spielen. Beim Einkaufen und anderen Aktivitäten die Kinder mithelfen lassen – sie lieben es, »die Großen« nachzuahmen, und lernen dabei.

10. ENTSPANNEN

Haben Sie Spaß mit Ihren Kindern. Spielen Sie einfach mit und überlassen Sie dabei den Kindern den Spielverlauf. Knuddeln Sie Ihre Kinder und lesen Sie ihnen Geschichten vor.

Schlafenszeit

Wissen Sie noch, was Schlafen bedeutet? Ins Bett gehen, sich an den Partner kuscheln und die Nacht durchschlafen? Erfrischt und gestärkt erwachen? Viele Eltern kleiner Kinder erinnern sich kaum noch an dieses Gefühl. Aber das muss nicht so sein!

Schlafprobleme ihrer Kinder stehen auf der Liste elterlicher Hilferufe ganz oben. Das ist keine Überraschung. Vom Säugling, der die ganze Nacht schreit, über den lebhaften Zweijährigen, der mit Vorliebe die Schlafenszeit bis Mitternacht hinauszögert, bis hin zum Vorschulkind, das in den frühen Morgenstunden von Albträumen geplagt ins Bett der Eltern kriecht, tauchen Schlafprobleme in unterschiedlichster Form in jedem Alter auf.

Wenn das Kind nicht oder schlecht schläft oder wenn man den ganzen Abend braucht, um es ins Bett zu bringen, leidet die gesamte Familie. Eine einzige durchwachte Nacht verkraftet jeder, doch der wochenlange Verzicht auf ruhige Abende oder ungestörte Nachtruhe grenzt an Folter. Irgendwann ist man dann so erschöpft, dass die einfachste Tätigkeit unendlich mühselig erscheint. Ohne regelmäßigen Schlaf reagiert selbst der ausgeglichenste Mensch reizbar und ist niedergeschlagen. Konzentrationsstörungen, Unfälle oder Krankheit sind die Folge. Zudem kommt man auch tagsüber schlechter mit dem Kind zurecht und verliert leichter die Geduld. Das bedeutet mehr Streit, mehr Wutanfälle und mehr allgemeine Spannungen.

Das wache kleine Wesen sorgt nicht nur für eine erschöpfte Mutter, sondern auch für einen ausgelaugten Vater und aufbrausende ältere Geschwister. Bald geht

die ganze Familie auf dem Zahnfleisch – einschließ-
lich des schlaflosen Kindes, das natürlich ebenfalls
unter der Situation leidet. Es sieht vielleicht nicht so
aus, aber der hellwache Steppke, der morgens um vier
durch die Wohnung tobt, bekommt nicht ausreichend
Schlaf. Im Gegensatz zu Erwachsenen oder älteren
Kindern kann ein Kleinkind, das spät einschläft oder
nachts lange wach ist, diesen Schlaf normalerweise
nicht nachholen.

Die gute Nachricht ist: Selbst die schlimmsten
Schlafprobleme lassen sich überraschend schnell
beheben, oft innerhalb weniger Tage. Ich habe die in
diesem Kapitel vorgestellten Methoden unzählige
Male erfolgreich angewendet. Sie helfen! Und die
ganze Familie profitiert davon.

Ein ganz entscheidender Schritt auf dem Weg zu
ruhigen Nächten ist ein fester Rhythmus im Tagesablauf. Dazu gehören regelmäßig wiederkehrende
Geschehnisse während des Tages ebenso wie eine
für das Kind verlässliche Abendroutine beim Zubettgehen. Sie werden staunen, dass Ihr Kind nicht nur
nachts durchschläft, sondern auch tagsüber sein
Schläfchen macht. Vermutlich wächst auch sein Appetit. Der Tag verläuft ruhiger, sodass Sie viel mehr
Freude an Ihrem Kind haben werden.

Wie bei jeder Regel kommt es auch rund ums Schlafengehen auf Konsequenz an. Abends, wenn man
müde ist, oder mitten in der Nacht, wenn man gerade
schlaftrunken aus dem warmen Bett taumelt, neigt
man zu Inkonsequenz und lässt sich außerdem viel
eher als am Tag von jedem Laut des Kindes zu einer
sofortigen Reaktion verleiten. Alle Eltern reagieren

sensibel auf das Weinen ihrer Kinder, doch es gibt einen Unterschied zwischen
echter Not und dem Schreien, das Sie lediglich zum Nachgeben bringen soll. Es ist nicht lieblos, jetzt nicht weich zu werden. Sie bringen Ihrem Kind nur bei, wie es das bekommt, was alle Kinder brauchen, nämlich einen guten Nachtschlaf. Ihr Kind weiß nicht, dass es das braucht, Sie schon. Sie wissen es am allerbesten!

Denken Sie aber immer daran: Ihr Kind kann nur so viel schlafen, wie es seinem natürlichen Schlafbedürfnis entspricht. Und der Schlafbedarf ändert sich nicht nur im Lauf der Entwicklung eines Kindes. Er kann auch bei gleichaltrigen Kindern höchst unterschiedlich sein. Muss ein Kind längere Zeit im Bett verbringen, als es eigentlich Schlaf braucht, wird es mit Schlafproblemen reagieren.

DAS PROBLEM:
»ICH WILL NOCH NICHT INS BETT!«

Ein Kind, das sich weigert, ins Bett zu gehen, beraubt sich seines dringend benötigten Schlafs und Sie der dringend benötigten Zeit, die Sie für sich selbst, den Partner oder die anderen Kinder bräuchten. Neben der Erschöpfung durch wiederholtes nächtliches Aufwachen ist das ein weiterer Punkt, der das Familienleben stark beeinträchtigt. Eine abgeschwächte Form desselben Problems ist die zigste Bitte um etwas zu trinken, der wiederholte Toilettengang oder andere Verzögerungstaktiken, die den unvermeidlichen Moment der Trennung hinausschieben sollen.

Kinder, die auch in anderer Hinsicht in der Familie die Oberhand haben, neigen besonders zu solchen Verhaltensweisen. Viele Kinder haben noch über Jahre Schwierigkeiten mit dem Einschlafen.

DIE LÖSUNG:
EIN FESTES ABENDRITUAL

Das Abendritual hat zwei wichtige Funktionen: Es zeigt dem Kind an, dass das Schlafengehen immer gleich abläuft. Diesen Ablauf kann es nicht ändern oder manipulieren. Zugleich trägt die beruhigende, immer gleiche Abfolge der Ereignisse zur Entspannung bei und erleichtert damit das Einschlafen.

Der richtige Zeitpunkt

Zuallererst müssen Sie eine Schlafenszeit festlegen. Ganz gleich, um welche Zeit man ein Kleinkind ins Bett bringt, es wacht normalerweise morgens immer zur selben Zeit auf. Gewöhnlich recht früh, bisweilen mit Sonnenaufgang. Je später ein Kind also ins Bett geht, desto unausgeschlafener ist es am nächsten Tag.

Meiner Erfahrung nach sollten Kinder im Vorschulalter zwischen sieben und acht Uhr schlafen gehen. Nach Einführung eines festen Abendrituals stellen viele Eltern, die zuvor glaubten, ihr Kind bräuchte einfach wenig Schlaf, erstaunt fest, dass es nun problemlos viel früher schlafen geht als erwartet und zugleich länger schläft.

Irgendwann zwischen zwei und vier brauchen Kinder zu unserem Leidwesen keinen Mittagsschlaf mehr. Dann ist es vorbei mit der kurzen Atempause, in der man mal schnell duschen gehen, eine Tasse Kaffee trinken oder einfach die Stille genießen kann. Wenn Sie feststellen, dass das Einschlafen nach Einführung des Abendrituals auf einmal wieder schwierig wird und das Kind nicht besonders müde erscheint, wird es vielleicht Zeit, sich vom Mittagsschlaf zu verabschieden. In der Übergangszeit ist das Kind *mit* Mittagsschlaf abends noch zu wach zum Schlafen, *ohne* Mittagsschlaf hingegen am Nachmittag übermüdet und grantig. Doch diese Phase dauert nicht lange.

Eine feste Schlafenszeit garantiert, dass kleine Kinder ausreichend Ruhe bekommen. Die älteren Geschwister können noch ein Stündchen elterlicher Aufmerksamkeit genießen. Und Sie bekommen die Abende mit dem Partner zurück.

WORAN MAN ERKENNT, DASS EIN KIND MÜDE IST

Wenn die Schlafenszeit problematisch ist, übersehen Sie möglicherweise Signale, die darauf hinweisen, dass das Kind reif fürs Bett ist. Gähnen ist natürlich ein eindeutiges Zeichen. Weitere Anzeichen für Müdigkeit sind Quengeln, Weinerlichkeit, Augen reiben, Daumen lutschen und auf dem Boden herumrollen. Wenn solche Verhaltensweisen deutlich vor der angesetzten Bettzeit auftreten, können Sie diese vorverlegen. Lassen die Müdigkeitssignale auf sich warten, so muss die Schlafenszeit eventuell schrittweise auf später verschoben werden.

Der Countdown

Sie haben eine Schlafenszeit angesetzt, am besten schriftlich auf dem Tagesplan. Jetzt müssen Sie diese nur noch durchsetzen.

Wichtig dabei ist ausreichend Zeit für jede Phase des Schlafengehens. Das Kind darf sich nicht gehetzt fühlen, soll aber auch nicht auf die Idee kommen, dass es hier noch Spielraum gibt. Vom Beginn des Badens bis zum Gute-Nacht-Sagen dauert das Abendritual am besten etwa eine Stunde.

Kinder haben normalerweise nur sehr unklare Zeitvorstellungen und deshalb keine Ahnung, wie lange sich eine Stunde anfühlt. Also müssen Sie die Zeitansage übernehmen:

»In fünf Minuten geht es in die Badewanne.«

»In zwei Minuten kommst du aus dem Bad.«

»Nach dieser Geschichte machen wir das Licht aus.«

Wenn man dem Kind auf diese Weise durch den Abend hilft, hat es jeweils Zeit, sich auf die nächste Phase einzustellen. Man geht dabei ähnlich vor wie bei den Warnungen bei schlechtem Benehmen, nur ist mit diesen Ankündigungen keine Missbilligung verbunden.

SO BRINGEN SIE IHR KIND INS BETT:

- Schon die Zeit vor dem Abendritual sollte möglichst ruhig verlaufen. Es gibt keine Trickfilme, Videos, Computerspiele oder Raufspiele mehr. Ein überreiztes, aufgedrehtes Kind kann ebenso schlecht auf Schlafen umschalten wie ein Erwachsener.

- Kündigen Sie das Schlafengehen zehn Minuten vor dem Beginn der Abendroutine an.

- Zuerst das Bad. Warmes Wasser unterstützt die Entspannung. Sowohl Beginn als auch Ende werden angekündigt.

- Beziehen Sie das Kind durch kleine Aufgaben in die Abendroutine mit ein. »Jetzt ist es Zeit, aus der Badewanne zu kommen. Ziehst du mal den Stöpsel raus? Prima!«

- Nach jeder glatt verlaufenen Phase das Kind loben.

- Eine Gute-Nacht-Geschichte vorlesen. Das Kind darf aus wenigen Vorschlägen wählen. Nicht zu viel Auswahl lassen, sonst kommt es leicht zum Machtkampf. Mit Fragen zu den Bildern erzielen Sie Aufmerksamkeit: »Siehst du das Kaninchen? Was macht es denn da?«

- Jetzt ist auch ein guter Zeitpunkt, um das Kind zu loben und die kleinen Erfolge des Tages hervorzuheben. »Beim Mittagessen warst du heute wirklich brav.« Wecken Sie Vorfreude auf den nächsten Tag: »Morgen gehen wir mit Rosie auf den Spielplatz.«

- Schmusedecke und Spielzeug können das Einschlafen erleichtern. Das Bett sollte aber nicht von Spielzeug überquellen.

- »Licht aus« frühzeitig ankündigen.

- Warten Sie nicht beim Kind, bis es eingeschlafen ist. Wenn es müde ist und das Ritual Schritt für Schritt absolviert wurde, schläft es jetzt mühelos ein.

- Licht aus! Kein Kind kann bei Licht das Einschlafen lernen.

- Kürzen Sie das Abendritual auch unter Zeitdruck nicht ab. Wenn Sie einen Teil auslassen, wird das Kind dagegen protestieren – und am Ende dauert alles noch länger.

- Wenn Sie und Ihr Partner das Kind abwechselnd ins Bett bringen, müssen Sie beide den gleichen Ablauf beachten. Zeigen Sie sich konsequent und einig.

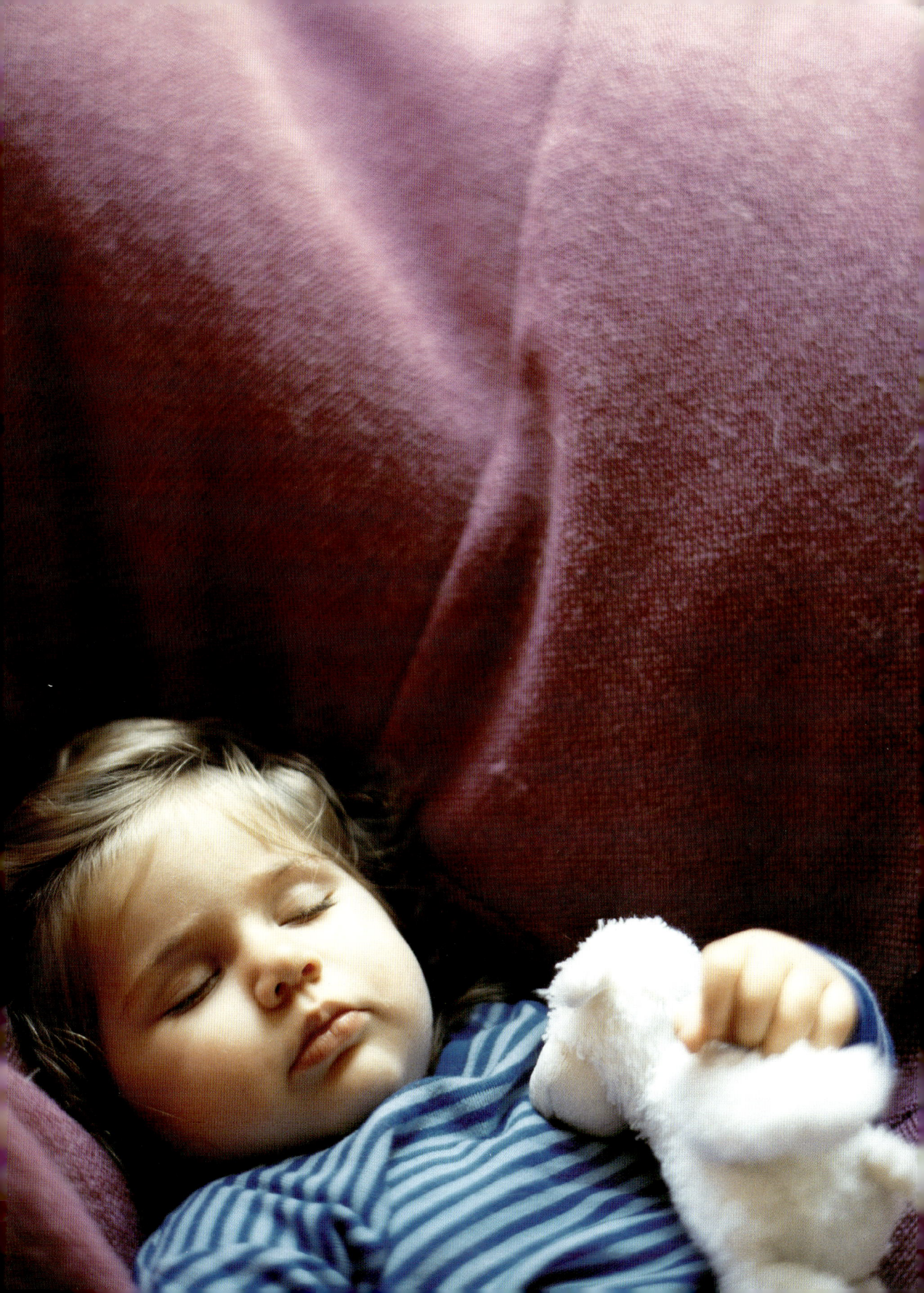

Unterschiedliche Bettzeiten

Ältere Kinder benötigen für viele Schritte des Abendrituals kaum noch Hilfe. Wer mehr als ein Kind unter
fünf zu versorgen hat, braucht jedoch einfach mehr
Hände, weil so viel zu tun ist.

Dann muss man sich die Arbeit entweder teilen oder
die Kinder kurz nacheinander ins Bett bringen, das
Jüngste zuerst. Im Idealfall versorgt ein Elternteil das
eine Kind, der andere das zweite. Das Schlafengehen
klappt am besten, wenn jedes Kind dabei ungeteilte
Aufmerksamkeit bekommt. Tauschen Sie aber regelmäßig, damit jedes Kind diese Zeit mal mit Mama und
mal mit Papa verbringen darf.

Beim Baden kommt es meist zu Überschneidungen.
Das ältere Kind kann mithelfen, wenn das jüngere
gebadet wird. Wenn es die Seife oder den Waschlappen,
ein Handtuch oder Spielzeug holen darf, reagiert es
meist stolz und hilfsbereit. Später macht es dann auch
keinen Aufstand, wenn es selber schlafen gehen soll.

Abweichungen von der Routine

Es gibt vermeidbare und unvermeidbare Abweichungen vom Abendritual. Natürlich dürfen Kinder am Samstagabend auch mal länger aufbleiben. Lassen Sie sich aber nicht überreden, noch einen weiteren Film zu erlauben. Dazu gibt es den Videorekorder. Und am Sonntag heißt es wieder zur gewohnten Zeit: »Ab ins Bett.«

Doch es kommt auch vor, dass sich das Abendritual nicht einhalten lässt. Bei einem kranken oder zahnenden Kind hilft keine Beruhigung gegen die Schmerzen. Kehren Sie jedoch nach den kritischen Tagen so schnell wie möglich zum Normalzustand zurück. Die Ausnahme bestätigt nur die Regel.

Kinder hängen am eigenen Bett und fühlen sich in vertrauter Umgebung sicher und geborgen. Deshalb finden sie auf Reisen oft nur schwer in den Schlaf. Hilfreich ist alles, was sie an ihr eigenes Bett erinnert, also das Lieblingsspielzeug und die eigene Decke. Versuchen Sie, auch unterwegs gewohnte Abläufe beizubehalten, damit Sie hinterher zu Hause das Rad nicht neu erfinden müssen.

DAS PROBLEM:
»ICH KANN NICHT ALLEIN EINSCHLAFEN.«

Wenn Sie immer warten, bis Ihr Kind eingeschlafen ist, ehe Sie den Raum verlassen, gehört Ihre Gegenwart untrennbar zum Einschlafen dazu. Der Moment der Trennung wird deshalb besonders schwierig. Irgendwann stellen Sie fest, dass große Abschnitte des Abends spurlos verschwunden sind.

Kinder sollen lernen, allein einzuschlafen. Der Trost Ihrer Anwesenheit kann nämlich leicht zur Machtfrage werden, wenn das Kind es schafft, den Augenblick der Trennung weiter und weiter hinauszuschieben, um Sie bei sich zu behalten.

DIE LÖSUNG:
ALLMÄHLICHER RÜCKZUG

Dank dieser Schritt-für-Schritt-Methode gelingt es dem Kind mit der Zeit einzuschlafen, auch wenn Mama oder Papa nicht im Zimmer ist.

★ Legen Sie sich nicht zu Ihrem Kind und setzen Sie sich auch nicht aufs Bett. Wünschen Sie dem Kind Gute Nacht und sagen Sie, dass es Zeit zum Einschlafen ist. Dann setzen Sie sich dicht neben dem Bett auf den Boden.

★ Das Kind sollte mit dem Gesicht zur Wand liegen. Es soll die Augen zumachen und nicht mit Ihnen reden.

★ Das Licht ist aus, die Tür steht offen.

★ Still sitzen bleiben, ohne das Kind anzusehen, bis es einschläft. Jedes Mal, wenn es etwas zu Ihnen sagen möchte, sagen Sie nur: »Schlaf.«

★ Am nächsten Abend machen Sie alles genauso, setzen sich aber etwas weiter weg. Die folgenden Abende entfernen Sie sich immer weiter vom Bett, bis Sie schließlich vor der offenen Tür und zuletzt vor der angelehnten Tür sitzen.

DAS PROBLEM:
NÄCHTLICHES AUFWACHEN

Alle Kinder (und Erwachsenen) werden im Laufe der Nacht kurz wach. Wir gelangen etwa stündlich an die Schwelle des Bewusstseins, drehen uns um und gleiten wieder in den Schlaf.

Aber auch Ängste, Albträume und nächtliche Geräusche können Kinder wecken, ebenso die Schmerzen des Zahnens oder eine Krankheit. Wenn ein Kind jedoch über Tage und Wochen hinweg immer wieder weinend aufwacht oder aus dem Bett kommt, liegt die Sache anders. Wer dem Kind in diesem Fall etwas zu essen gibt oder es mit einem Spiel zu trösten versucht, bestärkt es in dem unerwünschten Verhalten. Das Kind kann nicht lernen, sich selbst zu beruhigen.

DIE NACHTRUHE MIT EINEM SÄUGLING

Ein Säugling, besonders wenn er gestillt wird, wacht nachts noch regelmäßig auf, weil er Hunger hat oder nass ist. Ein Baby kann nur eine begrenzte Menge Milch aufnehmen. Wenn diese verdaut ist, braucht es neue Nahrung und meldet sich. Solange man rund um die Uhr füttern muss, sind Schlafstörungen unvermeidlich. Dennoch gibt es Methoden, wie man die Unterbrechungen in Grenzen halten und dem Baby den Unterschied zwischen Tag und Nacht beibringen kann.

★ Ein Nachtlicht verwenden.

★ Ganz am Anfang können Säuglinge in einer Wiege oder im Körbchen im Elternzimmer schlafen. Auf diese Weise kann man reagieren, ehe das erste Wimmern zum lauten Geschrei wird, das die ganze Nachbarschaft weckt. Behalten Sie das Baby jedoch nicht zu lange bei sich, sonst wachen Sie vielleicht beim kleinsten Geräusch unnötigerweise auf. Außerdem treten dadurch später leichter Trennungsängste auf. Ab einem Alter von drei Monaten kann das Kind ruhig in ein separates Kinderzimmer.

★ Wenn das Baby aufwacht, wird es gefüttert. Nicht reden oder spielen. Es muss verstehen, dass die Nacht kein Tag ist. Lassen Sie es aufstoßen, wechseln Sie die Windel und legen Sie es wieder hin.

★ Wenn das Baby schon schläft, Sie aber noch nicht, sollten Sie sich nicht unnatürlich ruhig verhalten. Von einem plötzlichen lauten Geräusch wird es aufwachen, doch normale Haushaltsgeräusche sollten es nicht stören.

★ Teilen Sie sich die Arbeit. Wenn Sie ein Flaschenkind haben, kann der Partner einen Teil des Fütterns übernehmen. Für ein Stillkind können Sie etwas Milch abpumpen.

★ Nach dem Füttern schläft das Baby vielleicht in Ihren Armen ein. Wenn nicht, legen Sie es in die Wiege und lassen Sie es dort selbst einschlafen. Wenn es jammert, können Sie seinen Bauch oder den Rücken streicheln. Nehmen Sie es jedoch nur hoch, wenn es fest zu schreien beginnt. Vielleicht hat es Blähungen. Dann legen Sie es über die Schulter und klopfen ihm sanft den Rücken.

NACH DEM ENTWÖHNEN

Ein Kind, das schon regelmäßig feste Nahrung bekommt, kann auch durchschlafen. Wenn es weiterhin Nacht für Nacht mehrmals aufwacht, liegt dies nicht am Hunger, sondern hat ganz andere Gründe. Normalerweise möchte es getröstet werden.

Nicht genug, stündlich nach einem weinenden Kind zu sehen – viele Eltern tragen stundenlang ein hellwaches Kind herum. Irgendwann werden die durchwachten Nächte zur Regel. Ein Kind, das bei jedem Aufwachen und Weinen hochgenommen, gefüttert und beruhigt wird, bekommt vermittelt, dass in dieser Beziehung keinerlei Grenzen existieren. Wollen Sie denn wirklich im Schlafanzug durch die Gegend fahren, bis das Kind im Autositz endlich eingenickt ist?

★ Wenn das Kind erst seit wenigen Tagen nachts aufwacht, könnte es zahnen. Auch Erkältungen stören den Schlaf. Prüfen Sie zunächst diese möglichen Ursachen.

★ Mitunter hat ein Kind das Gefühl, tagsüber nicht ausreichend Beachtung zu finden. Dann zeigt es durch die nächtlichen Ruhestörungen, dass es zu kurz kommt. Auch wenn Sie viel um die Ohren haben: Überlegen Sie, wie Sie dem Kind tagsüber mehr Zeit widmen können.

★ Wenn sich ein Kind durch sanftes Rückenreiben oder indem Sie es in den Arm nehmen leicht beruhigen lässt, braucht es nichts weiter. Das Problem löst sich mit der Zeit von selbst, wenn Sie nicht bei jedem Wimmern loslaufen. Geben Sie dem Kind die Chance, sich allein zu beruhigen.

★ Wenn Sie noch eine Weile stillen möchten, sollten Sie diese Mahlzeiten auf den Tag, die letzte Abendmahlzeit und das Frühstück beschränken. Ein Kind, das nachts noch gestillt wird, schläft nicht durch. Warum sollte es sich diesen Genuss entgehen lassen?

DIE LÖSUNG:
KONTROLLIERTES SCHREIEN

Wenn das regelmäßige Wachwerden zu einem die ganze Familie belastenden Muster des Kindes geworden ist, ist diese Methode, die von vielen Schlaftrainern und Familienberatern empfohlen wird, sehr wirkungsvoll.

Zunächst einmal möchte ich klarstellen, dass »kontrolliertes Schreien« nicht gleichbedeutend ist mit »schreien lassen«. Dieses alte Mittel ist heute zu Recht verpönt, weil gleichermaßen unmenschlich wie wirkungslos. »Kontrolliertes Schreien« ist etwas ganz anderes. Ein Kind, das man lange allein vor sich hinschreien lässt, fühlt sich irgendwann völlig verlassen. Beim »kontrollierten Schreien« zeigen Sie, dass Sie noch da sind. Sie sind nicht weggegangen, Sie kümmern sich um das Kind – aber es ist Schlafenszeit.

Ich weiß, dass manche Eltern ihr Kind nicht längere Zeit schreien lassen möchten. Ich würde ihnen diese Methode dennoch empfehlen, besonders bei schlaflosen Nächten.

Das Entscheidende bei dieser Methode ist, die verschiedenen Arten des Schreiens zu unterscheiden. Hohes, anhaltendes Weinen oder leises Stöhnen deutet auf echte Schmerzen hin. Dann sollte man sofort nachsehen, was los ist.

Ein Kind, das Aufmerksamkeit oder Nähe möchte, klingt anders. Zunächst jammert oder heult es, doch zwischendrin lauscht es immer wieder, ob wohl jemand kommt. Dann geht es wieder los, wie bei einer Sirene. Ihre Aufgabe ist es, das Schreien des Kindes zu beobachten und zu deuten. Setzen Sie diese Methode nur ein, wenn Sie ganz sicher sind, das unterschiedliche Schreien richtig interpretieren zu können.

Ich mache es folgendermaßen:

* Beim ersten Aufwachen des Kindes kurz auf den Tonfall lauschen. Genau hinhören! Zunächst fällt es schwer, dem Schreien tatenlos zuzuhören. Bleiben Sie ruhig und geraten Sie nicht in Panik. Wenn es kein »Notruf« ist, warten Sie einen Moment.

* Hält das Schreien eine Weile an, gehen Sie zum Kind. Nicht das Licht anmachen, keinen Augenkontakt suchen. Sehen Sie auf den Nasenrücken oder den Bauch des Kindes. Nicht reden. Ein beruhigender Laut – »schsch« – reicht aus. Streicheln Sie dem Kind den Rücken oder den Bauch, ziehen Sie die Decke zurecht und gehen Sie wieder.

* Das Kind wird wieder aufwachen und weinen, vielleicht nach einer Stunde, vielleicht nach fünf Minuten. Warten Sie diesmal doppelt so lange, ehe Sie hingehen und alles wiederholen, was Sie vorher getan haben.

* Bei jedem Erwachen verdoppeln Sie die Zeitspanne, bis Sie zum Kind gehen. Dieser Teil der Übung fällt den meisten Eltern wirklich schwer, denn unsere Reaktion auf das Schreien des Kindes

erfolgt instinktiv. Wenn wir versuchen, diesem Impuls zu widerstehen, kommt es zu einem Adrenalinschub. Die Hände werden heiß und feucht, das Herz rast, und wir haben das Gefühl, die Beherrschung zu verlieren. Das ist nur die natürliche Reaktion des Körpers – ruhig bleiben!

★ Nicht nachgeben! Innerhalb einer Woche dürfte sich bei dieser Vorgehensweise die Situation deutlich verbessern.

DAS PROBLEM:
AUS DEM BETT KLETTERN

Irgendwann zwischen zwei und drei
Jahren entdeckt das Kind plötzlich eine
Geheimwaffe: Es kann aus dem Bett
klettern. Kinder, die zunächst anstands-
los ins Bett gehen, später aber wiederholt auftauchen, sind gewöhnlich auf
Aufmerksamkeit aus. Gründe finden
sich genug: Durst, Pipi machen, schlecht
geträumt, zu heiß, zu kalt – mitunter
widersprechen sie sich sogar. Letztlich
geht es nur darum, dass das Aufwachen
zur Angewohnheit geworden ist, gegen
die niemand etwas unternimmt.

DIE LÖSUNG:
ZURÜCK INS BETT

Als Erstes werden alle Ausreden ausge-
räumt. Wenn das Kind nachts Durst hat,
bekommt es ein Glas Wasser auf den
Nachttisch. Vor dem Einschlafen geht es
noch einmal auf die Toilette. So verrin-
gern sich die Gründe Stück für Stück.

Wenn das nicht klappt, kommt die
folgende Methode zum Einsatz, die normalerweise sehr schnell Wirksamkeit
zeigt. Lassen Sie sich dabei auf keine
Diskussion mit dem Kind ein. Ein Kind
unter fünf denkt nicht logisch – Sie können nur den Kürzeren ziehen.

★ Wenn das Kind zum ersten Mal aus dem
Bett kommt, begleiten Sie es wieder zum
Bett. Erklären Sie ihm, dass Schlafens-
zeit ist. Drücken Sie es kurz und gehen
Sie wieder.

★ Beim zweiten Mal stecken Sie es wieder
ins Bett und sagen: »Schlafenszeit, mein
Schatz.« Kurz drücken und gehen.

★ Beim dritten Mal wird es wortlos wieder
ins Bett gebracht.

★ Alle weiteren Male verhalten Sie sich genauso. Keine Diskussionen, keine Worte.
Bleiben Sie standhaft! Sie sind nicht
lieblos. Sie bringen Ihrem Kind nur bei,
im Bett zu bleiben.

★ Bei dieser Methode ist es ganz wichtig,
dass immer der Elternteil, der das Kind
abends zu Bett bringt, es auch nach
dem Wachwerden wieder zurückbringt.
So verhindert man, dass das Kind die
Eltern gegeneinander ausspielt.

★ Für jede störungsfreie Nacht können
Sie einen Stern auf eine Sternchenkarte
kleben. Für eine bestimmte Anzahl
Sternchen (mindestens drei, höchstens
fünf) kann es eine Belohnung geben.
Bitte eine vernünftige Belohnung wäh-
len, sonst beschwören Sie nur weitere
Probleme herauf.

DAS PROBLEM: »DARF ICH BEI DIR SCHLAFEN?«

Die Meinungen, ob Kinder ins Elternbett gehören, gehen auseinander. Wenn es einem Kind gerade nicht gut geht oder es aus einem bestimmten Grund sehr verunsichert ist, spricht nichts dagegen, es mal zu sich ins Bett zu lassen. Auch morgens am Wochenende ist es schön, gemeinsam zu kuscheln.

Anders sieht es aus, wenn die Kinder jede Nacht ins Bett kriechen. Auch wenn ich mich damit vielleicht unbeliebt mache, finde ich das falsch. Dafür habe ich gute Gründe.

★ Kleine Kinder beanspruchen oft überproportional viel Platz im Bett, weil sie häufig quer oder schräg schlafen. Zudem zappeln sie herum oder möchten morgens um vier gern ein Schwätzchen halten. Erst landet ein spitzer, kleiner Ellenbogen in Ihren Rippen, dann haben Sie ein Füßchen im Gesicht. Diese Zappelei geht so weiter, bis Ihnen selbst nur noch ein winziges Plätzchen zur Verfügung steht und keine Bettdecke mehr da ist. Dann ist das Kind gerade eingeschlafen, und Sie wagen sich nicht mehr zu rühren.

★ Eltern brauchen Privatsphäre – wenigstens im eigenen Bett. Elternschaft bedeutet nicht den Abschied von Intimität und Sex.

★ Meiner Erfahrung nach landet der schwarze Peter meist bei den Vätern. Wenn ein Kind zu den Eltern ins Bett schlüpft, zieht sich der Vater oft auf das Sofa, ins leere Bett des Kindes oder notfalls sogar auf den Fußboden zurück, um ausreichend Schlaf zu bekommen. Dauert dieser Zustand länger an, wird die Beziehung belastet.

★ Wenn *ein* Kind mit ins Bett darf, können Sie das seinen Geschwistern schlecht verwehren. Ähnlich ist es, wenn Mütter die Kinder ins Bett lassen, sobald der Partner mal nicht da ist.

DIE LÖSUNG: ALTERSGEMÄSS REAGIEREN

Die Wahl der Methode hängt vom Alter des Kindes ab. Ein Kleinkind, das nachts regelmäßig aufwacht und schreit, kann schlafen lernen (siehe Seite 194). Ein älteres Kind, das häufig nachts am Elternbett auftaucht, wird wieder in sein eigenes Bett zurückgebracht (siehe Seite 196). Wenn Ihr Kind jedoch seit fünf Jahren Nacht für Nacht zu Ihnen ins Bett gekommen ist, lässt sich diese Gewohnheit vermutlich nicht von einem Tag auf den anderen abstellen.

DAS PROBLEM:
ALBTRÄUME UND NÄCHTLICHE ÄNGSTE

Jedes Kind hat hin und wieder einen Albtraum. Und manche Kinder fürchten sich vorübergehend vor der Dunkelheit. Schlechte Träume treten oft bei Stress und Ängsten auf, zum Beispiel in den ersten Kindergartentagen oder bei der Ankunft eines neuen Geschwisterchens. Häufig gibt es jedoch keinen nachvollziehbaren Grund für kindliche Albträume.

DIE LÖSUNG:
BERUHIGEN UND WIEDER INS BETT BRINGEN

Bringen Sie ein Kind, das schlecht geträumt hat, wieder ins Bett, trösten Sie es und erklären Sie ihm, dass alles nur ein Traum war. Bleiben Sie noch eine Weile beim Kind, bis es sich beruhigt hat.

Kinder mit Angst vor der Dunkelheit bekommen ein Nachtlicht ins Kinderzimmer und ins Bad. Lassen Sie das Licht im Gang an und die Tür einen Spaltbreit offen. Die Zimmerlampe sollte nicht an bleiben. Ein Schmusetier kann tröstlich sein.

Ein Kind, das häufig behauptet, es hätte schlecht geträumt, sucht wahrscheinlich nur eine passende Ausrede, um zu Ihnen zu dürfen. Bringen Sie es konsequent zurück ins Bett, wie auf Seite 196 beschrieben.

DAS PROBLEM:
FRÜHES AUFWACHEN

Neun von zehn Kleinkindern wachen vor ihren Eltern auf. Kinder mit natürlichem Schlafrhythmus, die man ins Bett bringt, wenn sie müde sind, wachen meist auf, sobald es hell wird. Auch wenn die Eltern noch länger schlafen möchten, sind die Kinder hellwach, hopsen auf dem Bett herum und möchten den Tag beginnen.

DIE LÖSUNG:
IM BETT LASSEN

Eltern von Kleinkindern müssen akzeptieren, dass Ausschlafen vorläufig der Vergangenheit angehört. Holen Sie Schlaf nach, wenn Ihr Kind schläft. Dennoch gibt es auch beim Aufstehen Grenzen. Einen echten Frühaufsteher in Miniformat können Sie vielleicht nicht wieder zum Einschlafen bringen, aber dennoch zurück ins Bett. Sagen Sie dem Kind, dass es noch zu früh ist. Es darf ruhig im Bett oder im Zimmer spielen, bis auch Sie aufstehen. Auf diese Weise demonstrieren Sie, dass Sie noch nicht zur Verfügung stehen – ähnlich wie bei der Methode, die auf Seite 196 beschrieben ist.

MEINE 10 GRUNDREGELN

SO WENDEN SIE MEINE ZEHN GOLDENEN REGELN BEI SCHLAF-PROBLEMEN AN:

1. LOBEN UND BELOHNEN

Immer loben, wenn eine Phase des Abendrituals erfolgreich absolviert wurde. Loben Sie das Kind, wenn es aktiv mithilft. Loben Sie es kurz vor dem Einschlafen noch einmal für etwas, was es tagsüber gut gemacht hat.

2. KONSEQUENT BLEIBEN

Alle Beteiligten müssen sich an dieselben Regeln halten. Der Elternteil, der das Kind ins Bett bringt, ist auch am Zug, wenn das Kind in der Nacht aufwacht. Am Wochenende dürfen die Kleinen ruhig morgens kuscheln kommen, ansonsten gehören sie nicht ins Bett der Eltern.

3. TAGESABLAUF REGELN

Das Abendritual routiniert einhalten, weder hetzen noch trödeln. Keine Ausnahmen wegen des Fernsehprogramms zulassen.

4. GRENZEN SETZEN

Eine feste Schlafenszeit und das Abendritual sind klare Grenzen, die dem Kind signalisieren, dass Sie das Sagen haben. Dieselbe Botschaft vermitteln Sie, wenn Sie dafür sorgen, dass das Kind auch die ganze Nacht in seinem Bett verbringt. Auf diese Weise lernt es auch, dass bestimmte Orte und Zeiten für die Eltern reserviert sind.

5. DISZIPLIN WAHREN

Schlafprobleme lassen sich beheben, indem man dem Kind die Trennung abends durch allmählichen Rückzug erleichtert, es kontrolliert schreien lässt und es konsequent wieder ins eigene Bettchen bringt.

6. ANKÜNDIGEN

Wiederholte Ankündigungen, was im Einzelnen beim Abendritual passiert, erleichtern dem Kind die Übergänge. Setzen Sie kurze Zeitspannen an. Treten Sie bestimmt auf, aber ohne das Kind einzuschüchtern.

7. ERKLÄREN

Wenn ein Kind nachts aufwacht, sollten Sie sich nicht auf lange Erklärungen und Diskussionen einlassen. Die ersten beiden Male heißt es: »Jetzt ist Schlafenszeit.« Danach wird gar nicht mehr geredet.

8. SICH ZURÜCKHALTEN

Halten Sie Ihre Gefühle im Zaum, wenn das Kind weint. Sie müssen es nicht alle zwei Minuten trösten.

9. VERANTWORTUNG ÜBERTRAGEN

Lassen Sie die Kinder am Abendritual aktiv mitwirken, indem sie kleine Aufgaben übernehmen: sich allein auszuziehen, den Stöpsel aus der Wanne ziehen oder dem Geschwisterchen ein Spielzeug bringen.

10. ENTSPANNEN

Die Schlafenszeit wie auch die Übergangszeit zuvor sollte eine Zeit der Ruhe sein. Baden und Vorlesen helfen dabei. Wenn sich einmal ein guter Schlafrhythmus eingespielt hat, können Sie den Rest des Abends genießen.

Auftanken

Idealerweise sollte man in jeder Minute mit der Familie das Optimum bringen. Doch in der Realität funktioniert das einfach nicht. Kinder großziehen ist eine lohnende Aufgabe, aber auch harte Arbeit.

Packen Sie deshalb jede Gelegenheit beim Schopf, das Notwendige mit dem Angenehmen zu verbinden. Wenn Sie Grenzen setzen und auf deren Einhaltung bestehen, werden Sie bald mehr Spaß und Freude mit Ihren Kindern haben. Diese Freude ist wichtig. Die Zeit mit den Kindern ist kostbar, auch wenn es manchmal nicht so erscheint, und sie vergeht viel zu schnell.

In einer Familie sollte jeder bekommen, was er braucht – die Eltern, die älteren und die jüngeren Geschwister. Es erfordert geschickte Planung, damit jeder persönliche Zuwendung erhält, aber auch Zeit für sich selbst zur Verfügung hat.

Völlig ausgelaugte Eltern können bald niemandem mehr etwas geben. Es ist ein schmaler Grat zwischen dem richtigen Verhalten und Märtyrertum. Wenn man nicht mehr auf sich und seinen Partner achtet, werden am Ende alle und alles leiden.

Früher haben selten beide Eltern außer Haus gearbeitet. Auch Ein-Eltern-Haushalte waren die Ausnahme. Heute werden diese Familienformen immer häufiger. Berufstätige Mütter und Alleinerziehende sehen sich in den Medien häufig Kritik ausgesetzt. Ignorieren Sie es. Genauso wie Sie nicht schimpfen, wenn dem Kind etwas misslingt, machen Sie auch sich selbst keine Vorwürfe. Sorgen Sie für die nötige Unterstützung und entspannen Sie sich.

Unterstützung suchen

Eltern machen sich selbst viel Stress, indem sie unrealistische Erwartungen an sich stellen. Perfekte Eltern gibt es nicht – ebenso wenig wie das perfekte Kind, ganz gleich, was andere Eltern erzählen.

Es gibt immer Leute, die damit angeben, was ihre Kinder alles können und wie früh. Lassen Sie sich davon nicht ins Bockshorn jagen. Wenn diese Eltern ehrlich wären, würden sie auch die Probleme nicht verschweigen.

Früher zog man weniger um als heute. Die meisten Familien lebten in einem engen Netzwerk aus Freunden und Verwandten, Menschen, die sie schon ihr Leben lang kannten und denen man vertraute. Eltern brauchten sich nicht auf bezahlte Babysitter und Nannys zu verlassen. Stattdessen rief man hin und wieder eine Tante oder die Oma zur Entlastung.

HELFENDE HÄNDE

Sie schaffen es nicht allein! Unterstützung zu holen ist kein Zeichen von Schwäche, sondern ein Zeichen von Stärke! Eltern leisten enorm viel, ob sie zusätzlich berufstätig sind oder nicht. Jeder muss sich ab und zu auf andere stützen können.

Hilfe braucht man nicht nur in Spitzenzeiten, also bei der Entbindung des nächsten Kindes oder beim Umzug. Hilfe sollte selbstverständlich sein. Eltern sollten ihre Interessen und Hobbys nicht aufgeben, nur weil Kinder kommen. Beide Eltern brauchen Zeit für sich selbst und Zeit, die sie als Paar verbringen.

Suchen Sie sich einen zuverlässigen Babysitter. Hüten Sie abwechselnd mit anderen Familien die Kinder. Bitten Sie Ihre Mutter, mal ein Wochenende zu kommen. Auch wenn wir nicht mehr so eng beieinander leben, gibt es vielerlei Möglichkeiten, sich von anderen unterstützen zu lassen.

Für das eigene Wohl sorgen

Arbeitnehmer bekommen von Zeit zu Zeit einen Bonus oder gar eine Beförderung. Auch Sie sollten sich einmal im Monat etwas gönnen – eine Massage, einen Friseurbesuch, einen Kinofilm, einen Einkaufsbummel, einen Abend im Restaurant oder mit Freunden. Mütter haben dieselben Bedürfnisse wie alle anderen in der Familie. Wer nicht für sich selber sorgt, brennt leicht aus. Auftanken ist kein Luxus, sondern Notwendigkeit.

In den ersten Monaten mit Kind fahren die Gefühle Achterbahn. Auf diesen neuen Lebensabschnitt muss man sich einstellen. Achten Sie auf Ihre eigenen Bedürfnisse, denn der »Babyblues« kann Sie auch später noch überfallen.

POWER FÜR EINEN POWERJOB

Als Sportlerin würden Sie für einen anstehenden Wettkampf besonders trainieren und auf Ihre Ernährung achten. Vor einer wichtigen Präsentation im Job würden Sie sich entsprechend vorbereiten. Auch Eltern haben wichtige Aufgaben, brauchen dafür viel Power und dürfen ihr körperliches, geistiges und seelisches Wohlbefinden nicht aus dem Blick verlieren. Nehmen Sie Schlafentzug nicht einfach hin. Mauern Sie sich nicht zu Hause ein. Es muss noch möglich sein, die Zeitung zu lesen oder sich in ein Buch zu vertiefen. Trotz aller notwendigen Opfer bedeutet Elternschaft nicht Selbstaufgabe.

Das gilt besonders für einen Elternteil, der den Kindern zuliebe seinen Beruf aufgegeben hat, und mehr noch für berufstätige Alleinerziehende, die sich häufig mit Schuldgefühlen quälen, weil sie nicht bei ihren Kindern sind. Doch dazu besteht kein Grund. Auch wenn sich Babysitter, Kindermädchen oder Verwandte um die Kinder kümmern, bekommen sie, was sie brauchen. Nehmen Sie sich nach der Arbeit und am Wochenende Zeit für das intensive Zusammensein mit den Kindern. Aber auch Zeit, um wieder aufzutanken.

Intensive Zuwendung geben

Der Tagesplan legt nicht nur Zeiten fürs Essen und Schlafen fest, sondern sorgt auch dafür, dass jedes Kind in der Familie regelmäßig ungeteilte Aufmerksamkeit von beiden Elternteilen erhält. Das geht besonders leicht, wenn man sich beim Abendritual abwechselt. Einmal bringt der Vater den Sechsjährigen ins Bett, und die Mutter badet die Kleine, am nächsten Abend läuft es andersherum. Auch am Wochenende können sich die Eltern abwechseln. Mama macht mit der Elfjährigen einen Einkaufsbummel, während Papa mit der Vierjährigen das Auto wäscht. Dabei können die Rollen und Aufgaben immer wieder wechseln.

»ICH BIN AUCH NOCH DA!«

Sehr fordernde Kleinkinder berauben ältere Geschwister oft dieser intensiven persönlichen Zuwendung. Die Großen beschweren sich mitunter nicht einmal. Das heißt jedoch nicht, dass sie das einfach so schlucken. Auch ältere Kinder brauchen Aufmerksamkeit. Man muss ihnen bei den Hausaufgaben helfen, zuhören, wenn sie von der Schule erzählen, hier und da mit Rat und Tat zur Seite stehen. Auch wenn sie sich die Schuhe selber binden und das Bad allein einlassen können, brauchen sie die Eltern noch auf vielerlei Weise. Zuwendung durch beide Eltern ist ganz wichtig, und diese Aufmerksamkeit sollte nicht geringer ausfallen als für die jüngeren Geschwister.

Geschwisterrivalität vermeiden

Geschwisterrivalität gibt es praktisch in jeder Familie. Kinder kommen häufig im Abstand von zwei Jahren. Ich möchte mich nicht in die Familienplanung einmischen, doch man sollte wissen, dass ein Zweijahresabstand häufig eine schärfere Rivalität erzeugt als ein Abstand von drei oder vier Jahren. Mit drei oder vier ist das ältere Kind immer noch eifersüchtig. Aber weil es bereits mehr versteht als ein Kleinkind, haben Sie bessere Möglichkeiten, mit seiner Reaktion umzugehen.

VORBEREITUNG AUF DIE VERÄNDERUNG

Ihr Kind begreift vielleicht noch nicht, was Ihr wachsender Bauchumfang bedeutet – dass ein Baby unterwegs ist. Dennoch registriert es wahrscheinlich bestimmte Veränderungen, noch ehe Sie ihm sagen, dass es ein Brüderchen oder ein Schwesterchen bekommen wird. Es bemerkt zum Beispiel Ihre ungewöhnliche Müdigkeit oder dass Ihnen übel wird.

Falls das Kind fragt, warum Sie dicker werden, können Sie ihm den Grund erklären und es damit auf den Familienzuwachs vorbereiten. Sonst warten Sie bis zum sechsten Monat. Für kleine Kinder vergeht die Zeit sehr langsam. Drei Monate sind als Vorbereitungszeit völlig ausreichend und als Wartezeit gerade noch akzeptabel.

Lassen Sie das Kind Ihren Bauch berühren, besonders wenn das Ungeborene gerade strampelt. Aber sprechen Sie nicht zu begeistert von dem Baby. Die meisten kleinen Kinder wollen die Eltern lieber für sich allein haben und nicht mit jemandem teilen. Erzählen Sie dem Kind nicht, wie sehr es das Baby lieben wird, sondern dass es bald ein großer Bruder oder eine große Schwester sein wird und Ihnen dann viel helfen kann. Kleine Kinder empfinden ein neues Geschwisterchen eher als Ersatz, nicht als Familienzuwachs. Sie machen sich Sorgen und denken: Was wird dann aus mir? Darf ich dann noch hier bleiben?

Das Kind hat vielleicht viele Fragen über die Geburt. Sagen Sie ihm nur das Nötigste und nichts, was dazu führen könnte, dass es sich Sorgen um Sie macht.

DER GROSSE TAG

Während Sie im Krankenhaus sind, braucht Ihr Kind jemanden, den es kennt und dem es vertraut. Das ist schwer zu planen – wer weiß schon, wann es wirklich losgeht? Erstellen Sie deshalb einen flexiblen Plan und bereiten Sie Ihr Söhnchen darauf vor. Legen Sie Geschenke bereit, vielleicht auch eine Gratulationskarte, weil es jetzt ein »großer Bruder« ist.

Beim ersten Wiedersehen mit dem größeren Kind nach der Geburt sollten Sie sich ihm intensiv zuwenden. Für das Kind bedeutet die neue Situation einen Meilenstein. Es muss sich einbezogen fühlen. Bestimmt hat es Sie vermisst. Es hat vielleicht auch Angst gehabt und ist jetzt von seinen Gefühlen überwältigt. Geben Sie ihm ein Geschenk und widmen Sie ihm viel Aufmerksamkeit. Beim ersten Besuch sollten Sie nicht so sehr mit dem Baby beschäftigt sein, dass Sie von »Ihrem Großen« kaum etwas mitbekommen. Geben Sie ihm das Baby vorsichtig in den Arm und loben Sie ihn die ganze Zeit. In diesem bedeutsamen Moment muss sich alles um das große Kind drehen.

WENN DAS GESCHWISTERCHEN DA IST

Kinder zeigen ihre Eifersucht bevorzugt, indem sie Theater machen, wenn man sich gerade um das jüngere Kind kümmern muss. Einem eifersüchtigen Kleinkind ist es lieber, wenn man es ausschimpft, als wenn es gar nicht beachtet wird.

Wenn Sie sich helfen lassen (siehe Seite 76), erhält das Kind positive Aufmerksamkeit, weil es mit einbezogen wird. Lassen Sie sich Dinge zureichen und loben Sie das Kind dafür. Auf diese Weise bekommen beide Kinder gleichzeitig Zuwendung.

Viele Kinder fallen bei der Ankunft eines neuen Geschwisterchens in Verhaltensweisen zurück, die sie eigentlich längst abgelegt hatten: Sie benutzen wieder Babysprache, machen ins Bett oder verhalten sich einfach nicht altersentsprechend. Mehr Beteiligung kann eine gute Methode sein, dieses Stadium möglichst kurz zu halten. Loben Sie Ihr Töchterchen ausgiebig, wenn es sich wie ein »großes Mädchen« verhält. Dann verspricht es sich weniger von dem Versuch, die Uhr zurückzudrehen.

GEMEINSAME SACHE

Zwei Kleinkinder können noch nicht teilen oder miteinander spielen. Wenn Sie rasch nacheinander zwei Kinder bekommen haben, wird es eine Phase geben, in der Sie hauptsächlich damit beschäftigt sind, die beiden zu trennen, abzulenken und sonst wie davon abzuhalten, aufeinander einzuhauen.

Ältere Kinder können lernen, miteinander zu spielen. Das ältere Kind darf bei der Auswahl und beim Erklären des Spiels mithelfen, damit es das Gefühl hat, das Kommando zu übernehmen. Etwas mehr Eigenverantwortung ermuntert es zu besserem Benehmen. Es soll dem kleinen Bruder oder der kleine Schwester ruhig zeigen, wie man ein Spiel spielt oder mit einem Spielzeug umgeht.

STREITHÄHNE UNTER SICH

Versuchen Sie, kleine Kabbeleien zu ignorieren. Kinder können vieles untereinander regeln, wenn Sie nicht ständig eingreifen. Es ist nahezu unmöglich herauszubekommen, wer angefangen hat oder wer die Schuld trägt. An einem Kampf sind immer beide beteiligt.

Wenn ein Kind nach dem anderen schlägt und wirklich aggressiv wird, müssen Sie sofort handeln. Setzen Sie den Stillen Stuhl (siehe Seite 80) ein oder die Methode »Schluss mit lustig« (Seite 84), wenn der Stille Stuhl nichts hilft. Machen Sie den Kindern unmissverständlich klar, dass man einander nicht wehtun darf.

Einmal musste ich ein Paar, das seit der Geburt des Kindes vor zwei-einhalb Jahren keinen Abend mehr gemeinsam aus war, regelrecht dazu zwingen, zusammen fortzugehen. Zwei Jahre lang sollte kein Paar auf einen besonderen Abend verzichten. Beziehungen brauchen Pflege. Man muss auch noch über andere Dinge reden können als über die Kinder. Verbringen Sie hin und wieder mal ein gemeinsames Wochenende. Bringen Sie die Kinder bei Freunden unter, aber bleiben Sie ruhig zu Hause, wenn Ihnen nicht nach Ausgehen zumute ist. Solche »kleinen Fluchten« sind weder selbstsüchtig noch Vernachlässigung – sondern ganz wichtig, um festzustellen, warum man überhaupt zusammen ist.

Eltern, die regelmäßig etwas für sich selbst und für ihre Beziehung tun, fällt es viel leichter, die Kinder konsequent gemeinsam zu erziehen. Für sie ist es selbstverständlich, einig aufzutreten, weil sie nicht nur Papa und Mama, sondern immer noch ein Paar sind. Auch die Aufgabenverteilung wird einfacher. Es muss nicht immer derselbe Elternteil die Abendroutine erledigen, sondern man spielt sich gegenseitig den Ball zu. Wenn einer von beiden zu viel übernimmt, kommt es leicht zu Vorwürfen (»Immer ich!«) und zu Inkonsequenz bei den Regeln. Hält diese Situation eine Weile an, stellen die Eltern mitunter fest, dass sie ihre Verständigungsschwierigkeiten als Paar ausleben, indem sie sehr unterschiedlich mit den Kindern umgehen. Dadurch wird die Lage noch schwieriger.

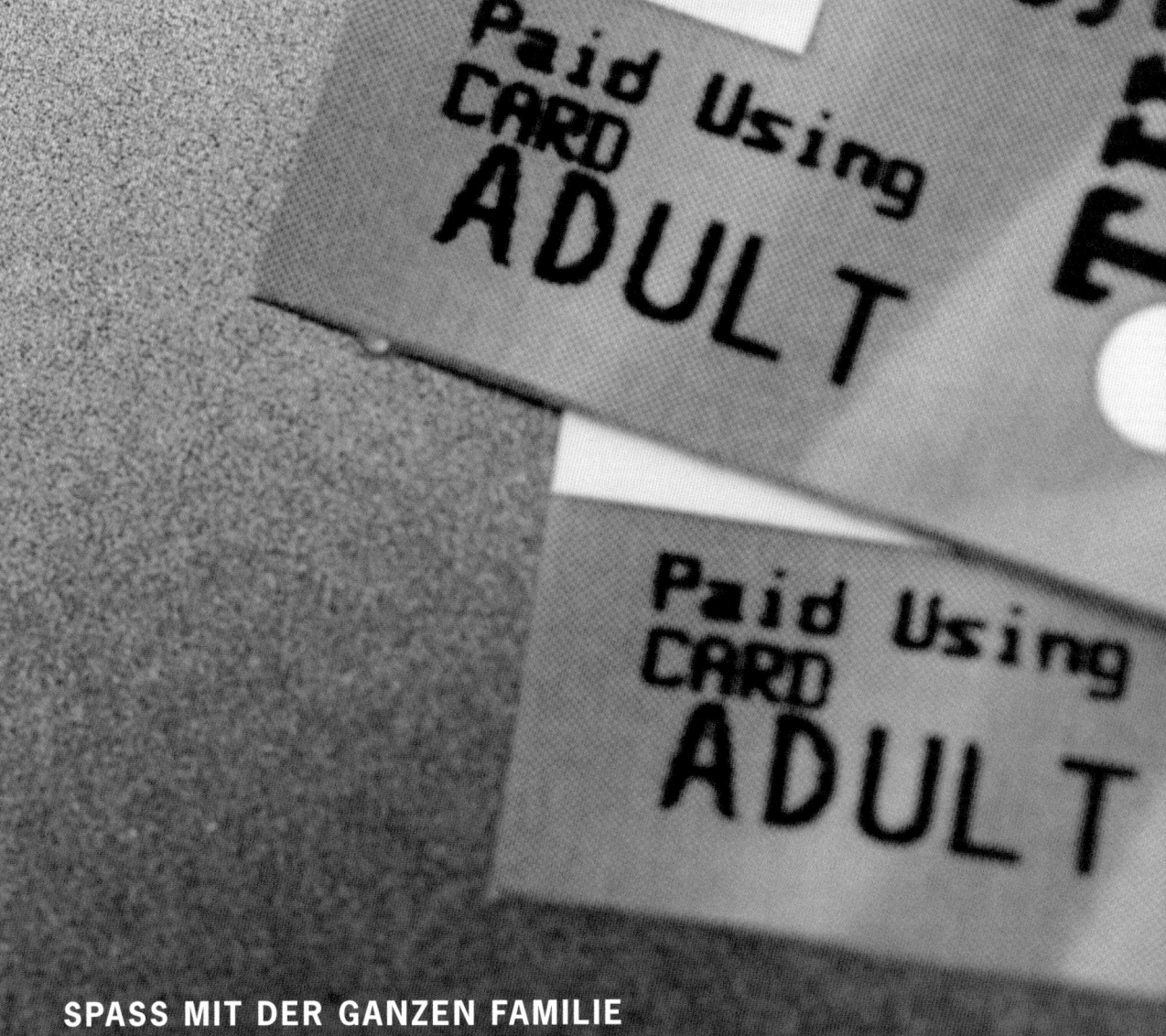

SPASS MIT DER GANZEN FAMILIE

Was gibt es Schöneres, als wenn die ganze Familie Spaß miteinander hat! Das kann ein Ausflug sein oder ein Picknick im Garten, ein Ferientag am Meer oder ein Brettspiel an einem verregneten Sonntagnachmittag. Vergessen Sie alle anstehenden Pflichten – sie werden schon irgendwie fertig. Wenn Sie später auf diese Jahre zurückblicken, werden Sie nicht mehr daran denken, dass es nicht jede Woche frische Bettwäsche gab. Was Ihnen dann noch einfällt, ist jener herrliche Tag, an dem Sie auf dem Feld Drachen steigen ließen.

Genießen Sie die Zeit mit Ihren Kindern!

MEINE 10 GRUNDREGELN

SO WENDEN SIE MEINE ZEHN GOLDENEN REGELN AN, UM WIEDER AUFZUTANKEN:

1. LOBEN UND BELOHNEN

Die beste Belohnung sind Lob und Aufmerksamkeit. Wenn ein neues Geschwisterchen kommt, sollten Sie dem älteren Kind ein Geschenk machen. Das trägt dazu bei, dass es sich einbezogen fühlt.

2. KONSEQUENT BLEIBEN

Eltern fällt es leichter, an einem Strang zu ziehen, wenn sie ausreichend Zeit als Paar miteinander verbringen. Genehmigen Sie sich hin und wieder ein freies Wochenende und gehen Sie regelmäßig miteinander aus.

3. TAGESABLAUF REGELN

Gestalten Sie den Tagesablauf so, dass jedes Kind jeden Tag von beiden Eltern ungeteilte Aufmerksamkeit erhält. Diese Zuwendung sollten Sie dem Kind ganz bewusst gönnen. Wechseln Sie sich auch bei den Pflichten gegenseitig ab.

4. GRENZEN SETZEN

Kinder müssen lernen, dass Erwachsene Zeit für sich allein und als Paar brauchen. Klare Verhaltensregeln helfen gegen übermäßige Geschwisterrivalität.

5. DISZIPLIN WAHREN

Regeln müssen konsequent durchgesetzt werden. Bei aggressivem Verhalten oder ständigen Auseinandersetzungen kommt der »Stille Stuhl« zum Einsatz.

6. ANKÜNDIGEN

Disziplin lässt sich in Verbindung mit einer klaren Warnung leichter durchsetzen. So kann das Kind sein Verhalten noch korrigieren. Auch Methoden zum Disziplinieren wie der »Stille Stuhl« werden immer vorher angekündigt.

7. ERKLÄREN

Bereiten Sie Ihr Kind auf ein neues Familienmitglied vor. Wecken Sie seine Zuversicht für die neue Situation. Sagen Sie ihm nichts, was es in Sorge versetzen könnte.

8. SICH ZURÜCKHALTEN

Nicht auf jeden Streit reagieren. Manche Dinge können Kinder gut untereinander regeln. Passen Sie aber auf, dass sie sich oder andere nicht verletzen.

9. VERANTWORTUNG ÜBERTRAGEN

Mithelfen lassen ist das beste Mittel gegen Eifersucht. Häufig loben. Ältere Kinder dürfen Spiele mit den jüngeren planen.

10. ENTSPANNEN

Bürden Sie sich nicht zu viel auf. Lassen Sie sich helfen und nehmen Sie sich Zeit für sich selbst. Sorgen Sie dafür, dass die ganze Familie regelmäßig zusammen Spaß hat.

Hilfreiche Adressen

www.eltern-links.de
Eine Seite für die schnelle, gezielte Suche
unter über 1000 kommentierten Links
zu den Themen Schwangerschaft, Babys,
Kinder und Eltern. Mit Schlagwortliste
und Hinweisen auf Hersteller, Laden-
geschäfte und Versandhäuser.

www.elternnetz.de
Tipps und Links von Familienplanung bis
Pubertät. Mit Sonderrubriken für Groß-
familien (Familie XL) sowie Hilfe und
Selbsthilfe.

www.arbeitskreis-neue-erziehung.de
Eine Berliner Beratungsstelle, bei der
man u. a. regelmäßige Elternbriefe abon-
nieren kann, die Eltern von der Geburt
des Kindes bis zu dessen 8. Geburtstag begleiten. Manche Jugendämter bieten dies
auch als kostenlosen Service an.

www.urbia.de/topics/?o=erziehung
Einzelartikel, zahlreiche Links und Chats
zum Thema Kindererziehung, Familienleben und Partnerschaft.

www.triplep.de/home.htm
Triple P, das »Positive Parenting Pro-
gramme«, will Eltern helfen, möglichst
frühzeitig aus dem Teufelskreis negativer
Reaktionen auszusteigen. Die Eltern werden von erfahrenen Trainern geschult und
in ihrer Erziehungskompetenz gestärkt.
Die positive Langzeitwirkung des Pro-
gramms ist wissenschaftlich belegt; Trai-
ner gibt es in Deutschland mittlerweile
flächendeckend.

www.eltern.de/familie_erziehung/
erziehung/
Webseite der Zeitschriften *ELTERN* und
Eltern for family. Zahlreiche Artikel und
Links zum Thema Kindererziehung sowie
rund um das Thema Familie. Mit Diskus-
sionsforen, Adressen und Expertenrat zu
verschiedenen Themen.

www.eltern.de/forfamily/schule_erzie-
hung/erziehung/elterntelefon.html
Das Bundesfamilienministerium hat ein
von der Deutschen Telekom gesponsertes
»Elterntelefon« ins Leben gerufen. Ehren-
amtliche Beraterinnen und Berater hören
sich die Sorgen der Eltern an und verwei-
sen an entsprechende professionelle Bera-
tungsstellen in deren Nähe.
Es ist unter der bundesweit erreichbaren
kostenfreien Rufnummer 0800 111 0 550
zu erreichen. Die Anrufer können anonym
bleiben, da der Anruf auf keiner Telefon-
rechnung erscheint.

www.bmfsfj.de
Webauftritt des Bundesministeriums für
Familie, Senioren, Frauen und Jugend.
Mit Forschungsberichten, aktuellen Stel-
lungnahmen und Gesetzen.

www.familienhandbuch.de
Mehrsprachiges Internetportal des Bundesministeriums für Familie, Senioren,
Frauen und Jugend zu den Oberthemen
Erziehung, Familienleben, öffentliche An-
gebote und Forschung. Mit Diskussionsforum und Beiträgen zu rechtlichen und
finanziellen Fragen.

www.treffpunkteltern.de
Elternseite mit allgemeinen Tipps und
einem Schwerpunkt auf Familienrecht –
Unterhaltstabellen, Rechte des Kindes,
Vaterschaftstest. Daneben gibt es Tipps für
Geburtstagspartys, Freizeitangebote, Rat
bei Kinderkrankheiten, Büchertipps sowie
einen Chat und ein Forum. Väterfreund-
lich!

www.starke-eltern.de
Internetportal der Hessischen Landesstelle
gegen die Suchtgefahren e.V. zu allgemeinen Erziehungsfragen und zur Vorbeugung
gegen Suchtgefahren bei Kindern und
Jugendlichen. Artikel, Literaturtipps und
Nachrichten über Gesundheitsfragen.

www.dksb.de
Webseite des Deutschen Kinderschutz-
bundes. Neben Informationen über die
Aktivitäten des Kinderschutzbundes auch
Verweis auf dessen Erziehungskurse
»Starke Eltern – starke Kinder«®, die an
zahlreichen Orten angeboten werden.

www.akf-bonn.de/kess-erziehen.html
Kess-erziehen ist ein Unterpunkt auf
der Webseite der *Arbeitsgemeinschaft für
katholische Familienbildung AKF e.V.* Die
AKF bietet an zahlreichen Orten gleich-
namige Elternkurse auf der Grundlage
individualpsychologischer Erziehungsprin-
zipien an.

www.jako-o.de
Webseite des Kinderversands Jako-o –
nicht nur kommerziell. Neben zahlreichen
Produkten für Kinder gibt es hier die Ru-
brik »Familienservice« mit einer politisch
aktiven Familien-Lobby www.familien-
kongress.de, Angeboten für Familien-Rei-
sen, Spiele-Verleihkisten für thematische
Kindergeburtstage und Seminarangeboten
für Eltern und Kinder (z. B. »Gern-Lern-
Seminare«).

www.eltern-bildung.at
»Informierte Eltern haben's leichter« ist
das Motto dieser Elternbildungsseite des
österreichischen Bundesministeriums für
Soziale Sicherheit, Generationen und Kon-
sumentenschutz. Hier finden Eltern viele
Anregungen zu Erziehungsstilen und Er-
ziehungszielen, Veranstaltungen in Öster-
reich, Literaturhinweise, Expertenchats
und ein Diskussionsforum.

www.wireltern.ch
Webseite des Schweizer Magazins »wir
eltern – für Mütter und Väter in der
Schweiz«. Schwerpunkt auf Schwangerschaft und Geburt bis hin zum Schulkind.

REGISTER